해봐요

1학년
글씨 쓰기

이 책을 펴내며

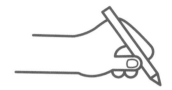

"바른 인성을 기르는 글씨 쓰기"

영어는 알파벳을 나열해서 단어를 만들지만, 한글은 자모음을 모아서 글자와 단어를 만듭니다. 한글을 모아쓰는 방법도 다양해서 받침 없는 글자만 수백 가지, 받침 글자까지 포함하면 무려 만 자가 넘는다고 합니다. 따라서 이제 막 한글을 뗀 초등 1학년 아이들이 글씨를 올바르게 쓰기는 무척 힘들 것입니다.

그런데도 대부분의 부모님들은 우리 아이가 글씨를 또박또박 바르게 쓸 것을 기대합니다. 글씨 쓰기가 손과 두뇌의 협응 활동이어서 사고력과 창의력은 물론 기억력 향상에 도움이 되기 때문입니다. 실제로 글씨가 엉망인 아이일수록 학업 성취도가 낮다는 연구 보고서도 있습니다.

그럼, 글씨를 바르게 쓰려면 어떻게 해야 할까요? 일단 손에 힘이 있어야 합니다. 그리고 손힘이 갖추어진 아이라면 각 글자 유형에 맞게 그 힘을 요령껏 사용할 줄 알아야 합니다.

이 책은 자모음의 특성과 쓰기 요령을 오류 사례와 함께 제시하고, 글자 속 위치에 따라 모양이 다른 자모음을 바르게 쓰도록 구성하였습니다. 또한 유형별 글

자 쓰기, 구절 및 문장 쓰기, 특히 초등 저학년 여러 과목 교과서에 등장하는 구절과 문장을 써 보게 하여 타 과목과의 연계 학습도 모색하였습니다. 끝으로 인성 함양에 도움이 되는 문장들을 따라 쓰고, 자신의 생각을 짧게나마 표현해 봄으로써 초등 1학년의 기본 소양을 갖추도록 하였습니다.

한 획 한 획 글자를 완성하기 위해 입술을 오므렸다 폈다 하면서 온 정신을 집중하는 아이들! 이 책을 기획하면서 그런 아이들의 모습을 떠올렸습니다. 요즘은 컴퓨터 자판으로 글을 쓰는 것이 익숙해서 손 글씨의 중요성이 많이 약해졌습니다. 하지만 글씨를 바르게 쓰는 활동은 주의 집중력과 자기 통제력을 길러 주어 심신 안정과 바른 인격 형성에 도움이 됩니다.

정성을 들여서 글씨를 쓰는 과정을 통해 아이들의 인성도 바르게 길러지면 좋겠습니다.

2022년 10월
저자 일동

이 책의 바른 사용법

글씨 쓰기 자세의 중요성을 깨닫게 합니다.

문제를 풀면서 글씨 쓰기 자세를 확인합니다.

자모음자의 특성 및 쓰기 요령을 안내합니다. (오류 사례 제시)

글자 속 위치에 따라 모양이 다른 자모음자를 바른 모양으로 쓰게 합니다.

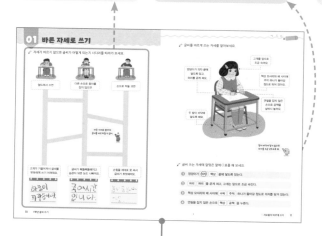

| 글씨 쓰는 바른 자세 알기 | ▶ | 글씨 쓰기 알맞은 손힘 기르기 | ▶ | 자모음자 바르게 쓰기 | ▶ | 받침 없는 글자 쓰기 | ▶ |

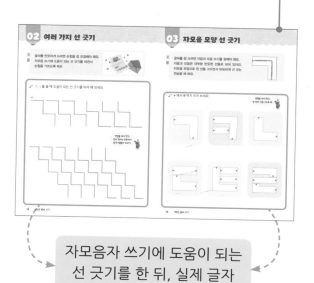

자모음자 쓰기에 도움이 되는 선 긋기를 한 뒤, 실제 글자 모양을 따라 선 긋기를 합니다.

받침이 없는 글자를 유형별로 모아서 쓰게 한 뒤, 교과서에 사용된 구절이나 문장을 쓰도록 합니다.

홑받침 글자를 유형별로
모아쓴 뒤, 재미있는 활동을
통해 확인하도록 합니다.

마음을 전하는 말, 관용어, 동시
따라 쓰기 등 바른 인성 함양에
도움이 되는 쓰기 활동을 합니다.

홑받침
글자 쓰기 ▶ 겹받침
글자 쓰기 ▶ 좋은 문장
따라 쓰기 ▶ 내 생각을
넣어
문장 쓰기

조합이 복잡한 글자들을
순차적으로 쓰면서 글자 모양을
확인하도록 합니다.

메모하기, 일기 쓰기, 계획표
쓰기 등 자신의 생각을 문장으로
표현해 보는 활동을 합니다.

차 례

1 자모음자 바르게 쓰기

2 글자 바르게 쓰기

3 좋은 문장 쓰기

1

자모음자 바르게 쓰기

01 바른 자세로 쓰기

✏️ 자세가 바르지 않으면 글씨가 어떻게 되는지 사다리를 따라가 보세요.

엎드려서 쓰면

다른 손으로 종이를
잡지 않으면

손으로 턱을 괴면

바른 자세로 앉아야
글씨를 바르게 쓸 수 있어.

고개가 기울어져서 글씨를
반듯하게 쓰기 어려워요.

글씨가 삐뚤삐뚤해지고
습관이 되면 눈도 나빠져요.

손힘을 제대로 못 써서
글씨가 흐릿해져요.

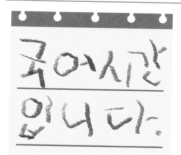

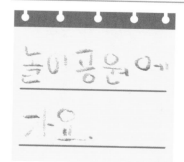

✏ 글씨를 바르게 쓰는 자세를 알아보세요.

고개를 앞으로 조금 숙여요.

엉덩이가 의자 끝에 닿도록 앉고, 허리를 곧게 펴요.

책상 모서리와 배 사이에 주먹 하나가 들어갈 정도로 띄어 앉아요.

연필을 잡지 않은 손으로 공책을 살며시 눌러요.

두 발이 바닥에 닿도록 해요.

발이 바닥에 닿지 않으면 의자를 조금 낮추도록 해.

✏ 글씨 쓰는 자세에 알맞은 말에 ○표를 해 보세요.

➊ 엉덩이가 [의자] [책상] 끝에 닿도록 앉는다.

➋ [머리] [허리] 를 곧게 펴고, 고개는 앞으로 조금 숙인다.

➌ 책상 모서리와 배 사이에 [수박] [주먹] 하나가 들어갈 정도로 의자를 당겨 앉는다.

➍ 연필을 잡지 않은 손으로 [책상] [공책] 을 누른다.

✎ 연필을 바르게 잡지 않으면 글씨가 어떻게 되는지 사다리를 따라가 보세요.

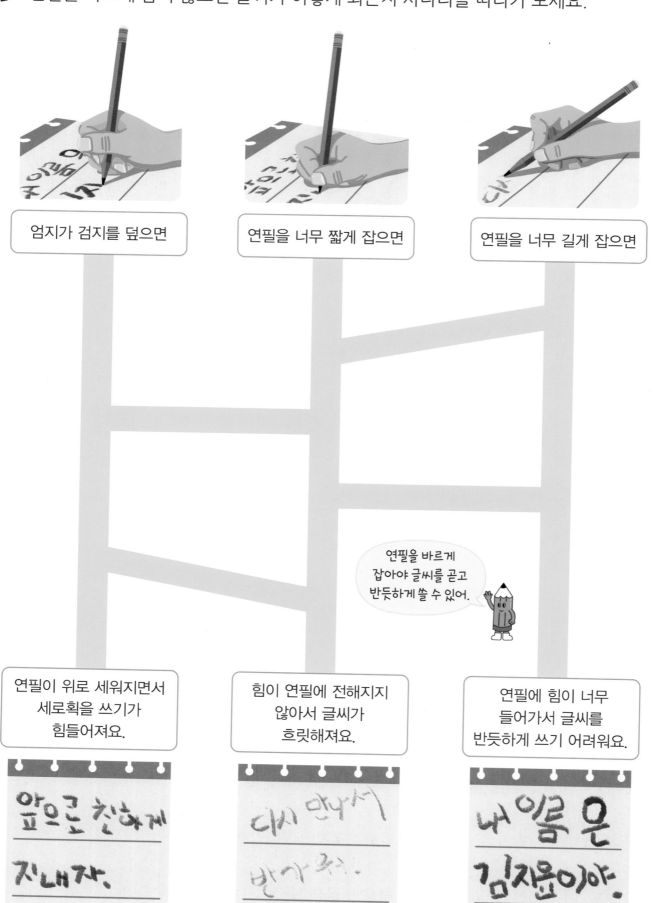

✏️ 연필을 바르게 잡는 방법을 알아보세요.

엄지손가락과 집게손가락으로 연필이 흔들리지 않게 살짝 잡아요.

손등과 집게손가락이 만나는 곳에 연필대가 오도록 잡아요.

손가락 끝이 연필의 깎인 부분보다 약간 위에 오도록 잡아요.

가운뎃손가락의 첫째 마디로 연필의 아랫부분을 받쳐요.

넷째 손가락과 새끼손가락은 가운뎃손가락을 받쳐요.

왼손을 사용할 때

연필을 너무 세우거나 눕히지 않도록 주의해.

✏️ 연필 잡는 방법에 알맞은 말에 ◯표를 해 보세요.

① 손가락 끝이 연필의 깎인 부분에서 약간 [위] [아래] 에 오도록 잡는다.

② 가운뎃손가락의 첫째 마디로 연필의 [윗부분] [아랫부분] 을 받친다.

③ 연필대가 [손등] [손끝] 과 집게손가락이 만나는 곳에 오도록 잡는다.

02 여러 가지 선 긋기

글씨를 반듯하게 쓰려면 손힘을 잘 조절해야 돼요.
자모음 쓰기에 도움이 되는 선 긋기를 하면서
손힘을 기르도록 해요

✏️ ㄱ, ㄴ을 쓸 때 도움이 되는 선 긋기를 따라 해 보세요.

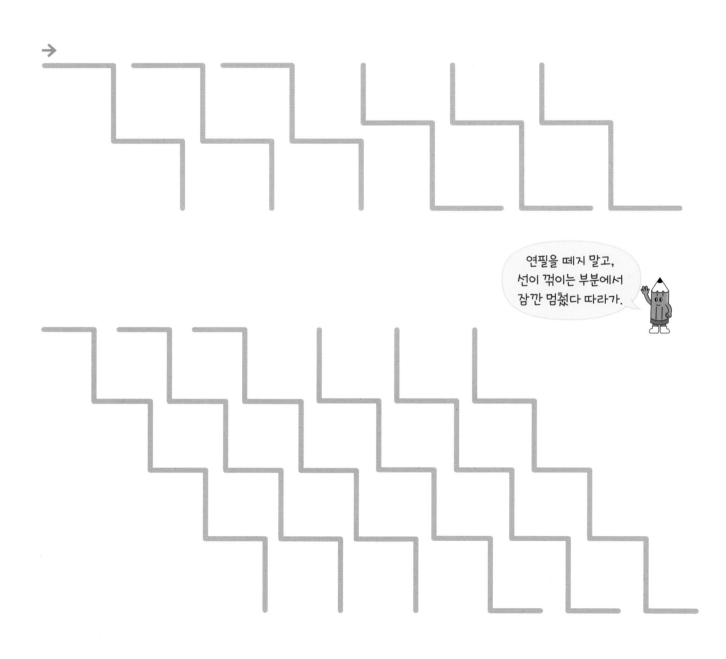

연필을 떼지 말고,
선이 꺾이는 부분에서
잠깐 멈췄다 따라가.

✏️ 모음을 쓸 때 도움이 되는 선 긋기를 따라 해 보세요.

모음은 가로선과 세로선으로 만들어진 글자야.

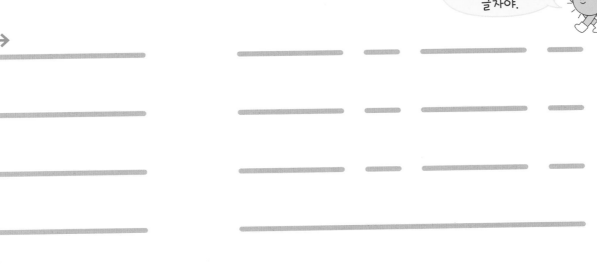

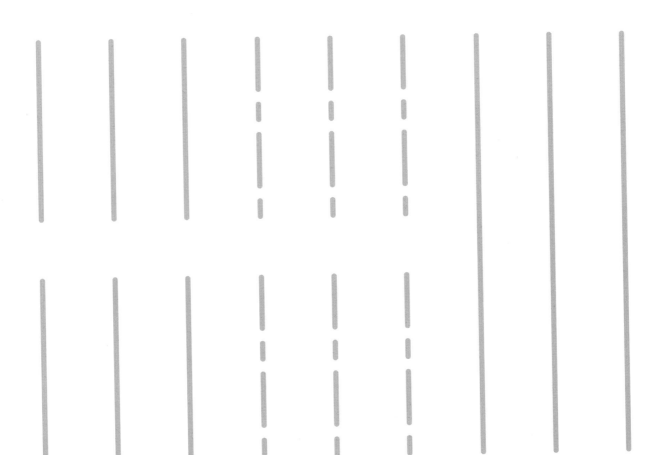

✏️ ㅅ, ㅈ, ㅊ을 쓸 때 도움이 되는 선 긋기를 따라 해 보세요.

ㅅ, ㅈ, ㅊ은 사선(비스듬한 선)이 들어 있는 글자야.

✏️ ㅇ, ㅎ을 쓸 때 도움이 되는 선 긋기를 따라 해 보세요.

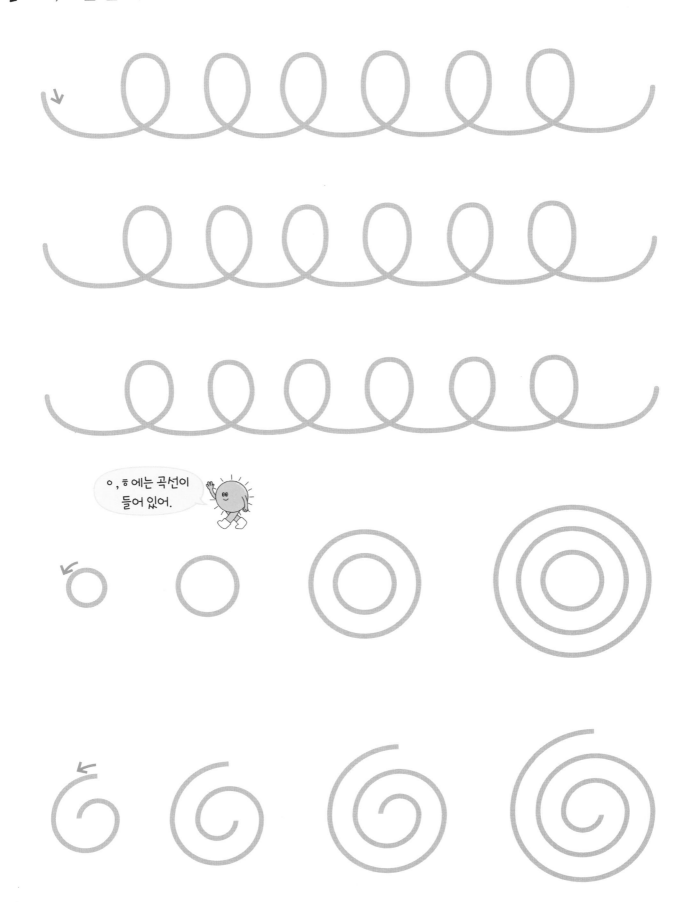

ㅇ, ㅎ에는 곡선이 들어 있어.

자모음 모양 선 긋기

글씨를 잘 쓰려면 자음과 모음 쓰기를 잘해야 돼요.
자음과 모음은 대부분 반듯한 선들로 되어 있어요.
자모음 모양으로 된 선을 그으면서 반듯하게 선 긋는
연습을 해 봐요.

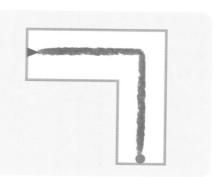

✏️ ▶에서 ●까지 이어 보세요.

연필을 떼지 말고,
한 번에 선을 긋도록 해.

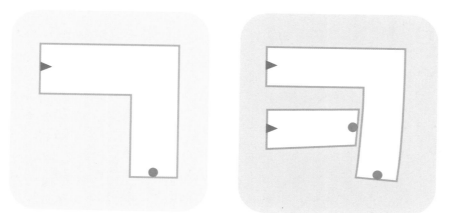

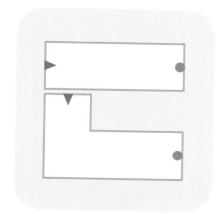

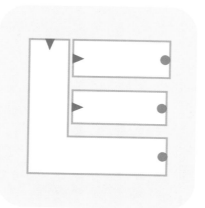

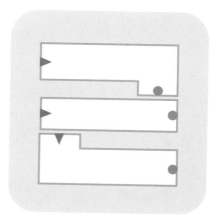

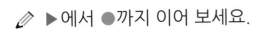 ▶에서 ●까지 이어 보세요.

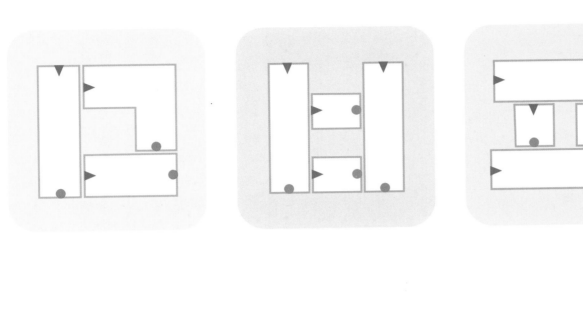

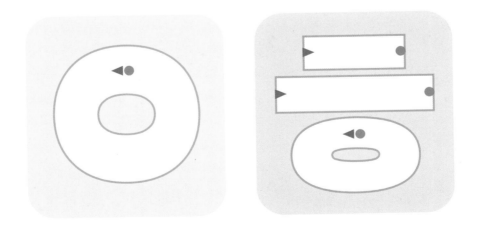

✏️ ▶에서 ●까지 이어 보세요.

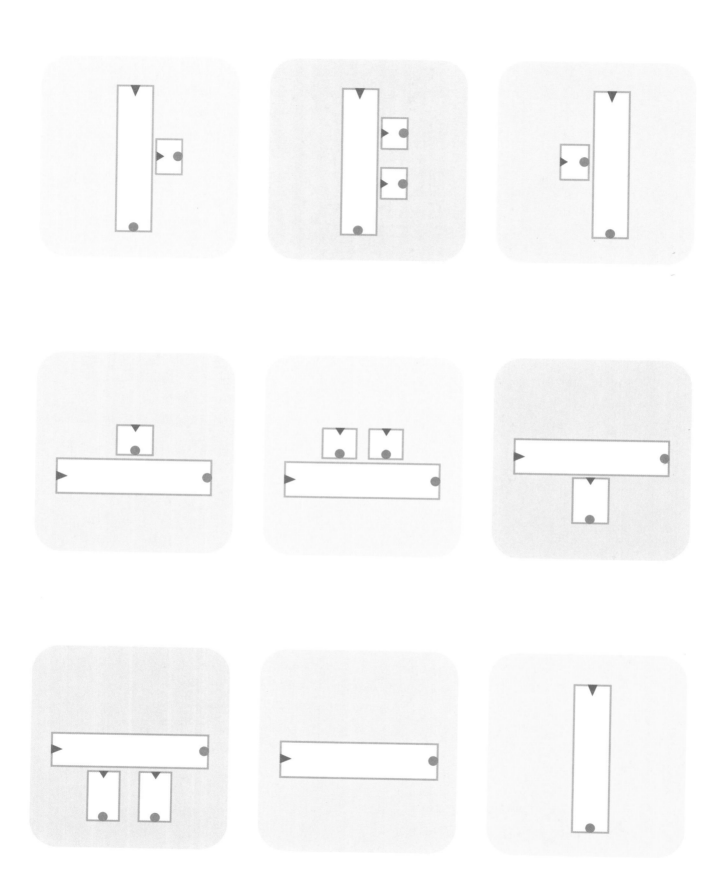

✎ ▶에서 ●까지 이어 보세요.

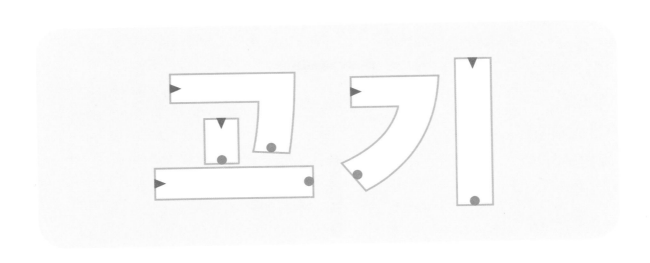

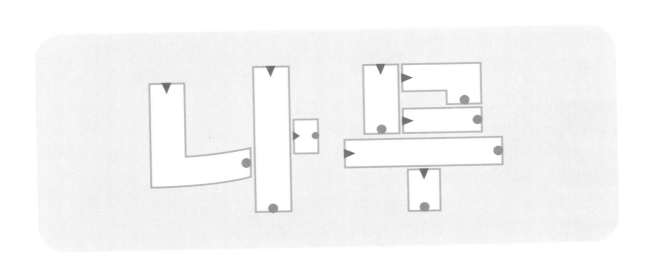

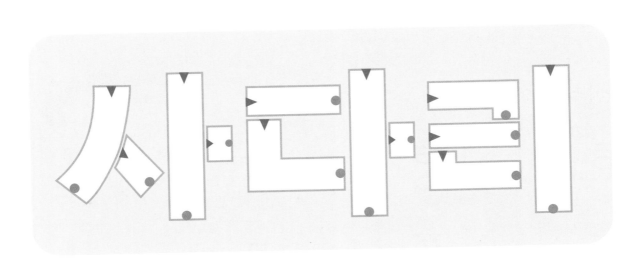

04 기본 모음자 쓰기

—와 ㅣ는
각각 1획으로
만들어진 글자예요.
한 번에 반듯하게
쓰도록 해요.

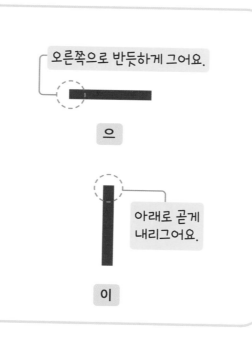

오른쪽으로 반듯하게 그어요.

으

아래로 곧게
내리그어요.

이

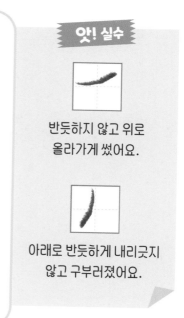
✏ —와 ㅣ를 바른 모양으로 써 보세요.

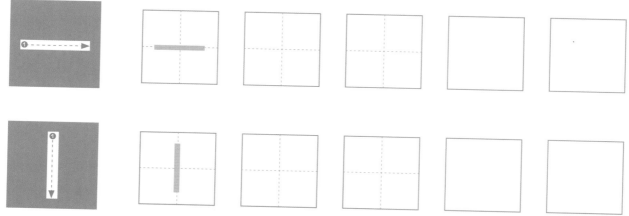

✏ 모양에 주의하며 글자에 쓰인 —와 ㅣ를 써 보세요.

ㅣ는 받침이 있으면
짧게 써야 해.

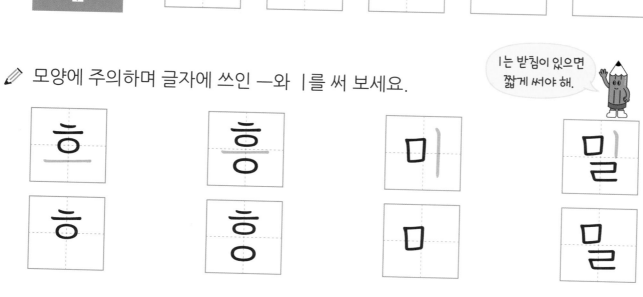

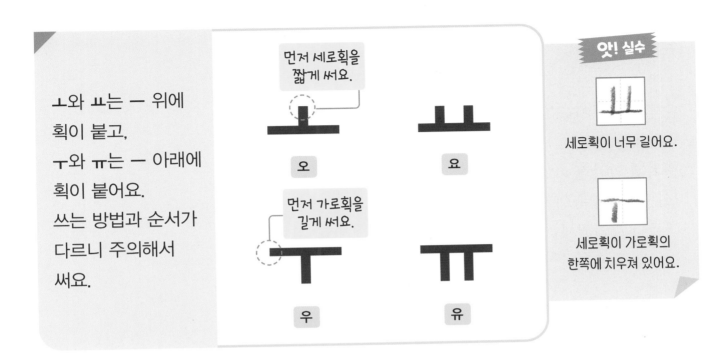

ㅗ와 ㅛ는 ― 위에 획이 붙고, ㅜ와 ㅠ는 ― 아래에 획이 붙어요. 쓰는 방법과 순서가 다르니 주의해서 써요.

먼저 세로획을 짧게 써요.

오

요

먼저 가로획을 길게 써요.

우

유

✏ ㅗ, ㅛ, ㅜ, ㅠ를 바른 모양으로 써 보세요.

✏ 모양에 주의하며 글자에 쓰인 ㅗ, ㅛ, ㅜ, ㅠ를 써 보세요.

ㅗ, ㅛ, ㅜ, ㅠ 아래에 받침이 있으면 세로획을 짧게 써야 해.

소

고

무

유

손

공

물

욱

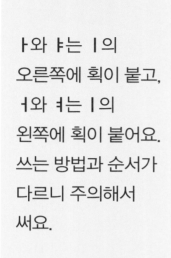

ㅏ와 ㅑ는 ㅣ의
오른쪽에 획이 붙고,
ㅓ와 ㅕ는 ㅣ의
왼쪽에 획이 붙어요.
쓰는 방법과 순서가
다르니 주의해서
써요.

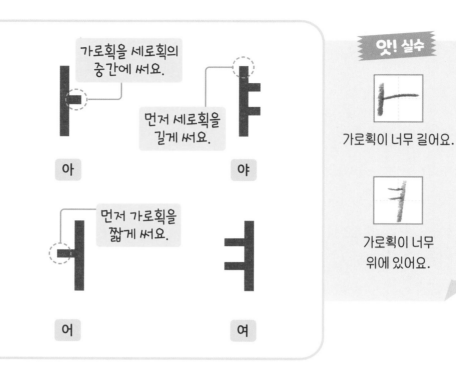

가로획을 세로획의 중간에 써요.

먼저 세로획을 길게 써요.

아   야

먼저 가로획을 짧게 써요.

어   여

✎ ㅏ, ㅑ, ㅓ, ㅕ를 바른 모양으로 써 보세요.

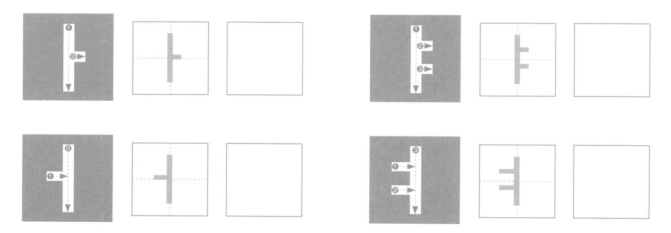

✎ 모양에 주의하며 글자에 쓰인 ㅏ, ㅑ, ㅓ, ㅕ를 써 보세요.

받침이 있고 없음에 따라
세로획의 길이가 달라져.

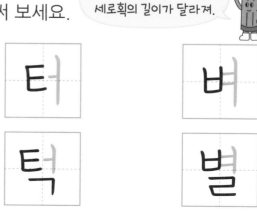

다   야   터   벼

달   양   턱   별

ㄱ은 한 번에
쓰는 글자예요.
꺾이는 부분에
주의해서 써요.

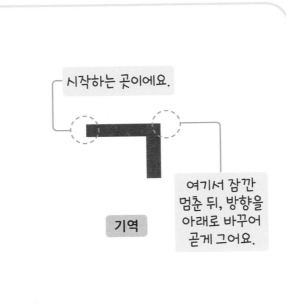

시작하는 곳이에요.

여기서 잠깐
멈춘 뒤, 방향을
아래로 바꾸어
곧게 그어요.

기역

앗! 실수

세로획이 너무
벌어지게 썼어요.

꺾이는 부분 없이
둥글게 썼어요.

✎ ㄱ을 바른 모양으로 써 보세요.

✎ 모양에 주의하며 글자에 쓰인 ㄱ을 써 보세요.

글자에서 ㄱ이
어떤 위치에 있느냐에
따라 모양이 달라져.

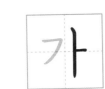

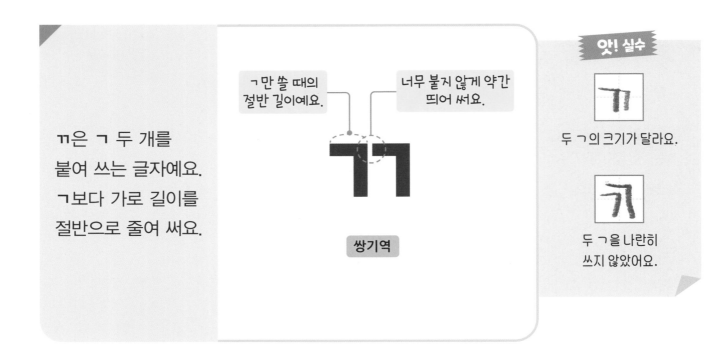

ㄲ은 ㄱ 두 개를
붙여 쓰는 글자예요.
ㄱ보다 가로 길이를
절반으로 줄여 써요.

ㄱ만 쓸 때의
절반 길이예요.

너무 붙지 않게 약간
띄어 써요.

쌍기역

두 ㄱ의 크기가 달라요.

두 ㄱ을 나란히
쓰지 않았어요.

✏ ㄲ을 바른 모양으로 써 보세요.

✏ 모양에 주의하며 글자에 쓰인 ㄲ을 써 보세요.

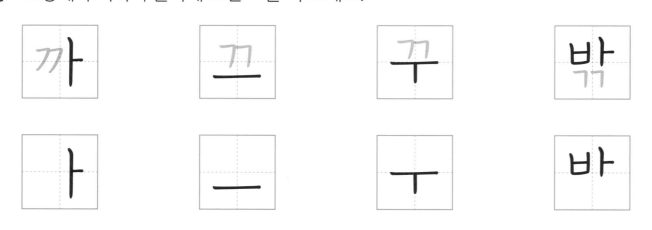

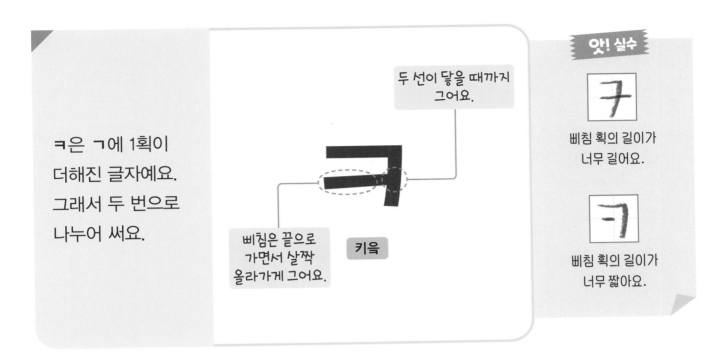

ㅋ은 ㄱ에 1획이 더해진 글자예요. 그래서 두 번으로 나누어 써요.

두 선이 닿을 때까지 그어요.

삐침은 끝으로 가면서 살짝 올라가게 그어요.

키읔

앗! 실수

삐침 획의 길이가 너무 길어요.

삐침 획의 길이가 너무 짧아요.

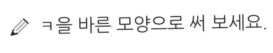 ㅋ을 바른 모양으로 써 보세요.

ㄱ을 잘 써야 ㅋ 모양도 바르게 쓸 수 있어.

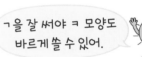 모양에 주의하며 글자에 쓰인 ㅋ을 써 보세요.

ㄴ은 ㄱ처럼 한 번에
쓰는 글자예요.
꺾이는 부분에
주의해서 써요.

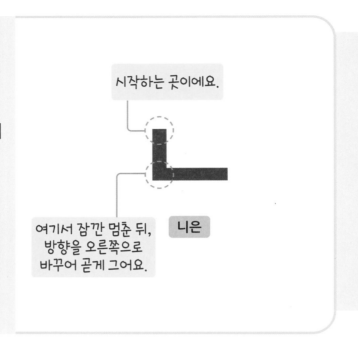

시작하는 곳이에요.

여기서 잠깐 멈춘 뒤,
방향을 오른쪽으로
바꾸어 곧게 그어요.

니은

앗! 실수

꺾이는 부분 없이
굴려서 썼어요.

가로획을 지나치게
위로 올려서 썼어요.

✏ ㄴ을 바른 모양으로 써 보세요.

✏ 모양에 주의하며 글자에 쓰인 ㄴ을 써 보세요.

ㄴ 밑에 모음이 올 때는
옆에 모음이 올 때보다 좀 더
납작한 모양으로 써.

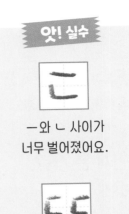

ㄷ은 ㄴ에 1획이
더해진 글자예요.
ㄸ은 ㄷ 두 개를
붙여 쓰는 글자여서
가로 길이를 ㄷ의
절반으로 써요.

가로선 끝을
맞추어 써요.

디귿

선 하나가 들어갈
정도로 띄어 써요.

쌍디귿

✏️ ㄷ과 ㄸ을 바른 모양으로 써 보세요.

ㄸ은 ㄷ을 하나만 쓸 때보다
각 글자를 더 작게 써.

✏️ 모양에 주의하며 글자에 쓰인 ㄷ과 ㄸ을 써 보세요.

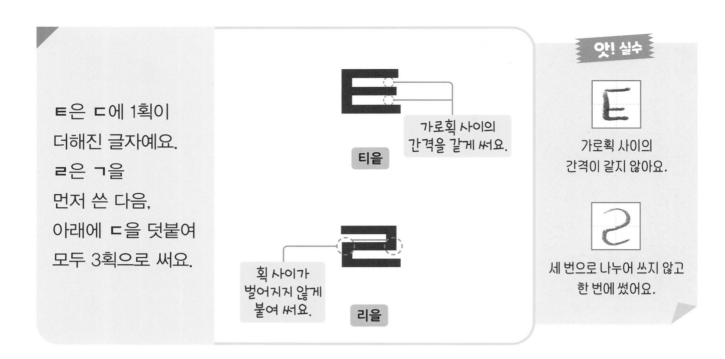

ㅌ은 ㄷ에 1획이 더해진 글자예요. ㄹ은 ㄱ을 먼저 쓴 다음, 아래에 ㄷ을 덧붙여 모두 3획으로 써요.

가로획 사이의 간격을 같게 써요.

티읕

획 사이가 벌어지지 않게 붙여 써요.

리을

가로획 사이의 간격이 같지 않아요.

세 번으로 나누어 쓰지 않고 한 번에 썼어요.

✐ ㅌ과 ㄹ을 바른 모양으로 써 보세요.

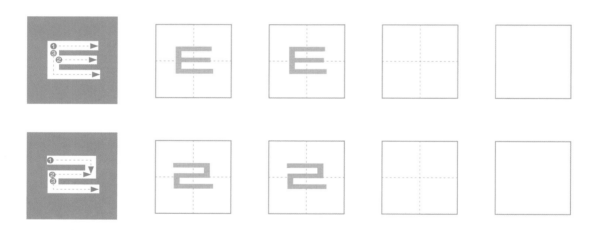

✐ 모양에 주의하며 글자에 쓰인 ㅌ과 ㄹ을 써 보세요.

받침 글자에서 ㅌ, ㄹ을 쓸 때는 받침이 없을 때보다 더 작게 써야 해.

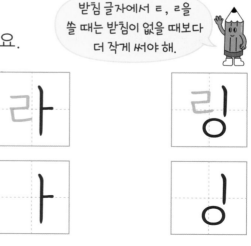

타   탑   라   링
ㅏ   ㅂ   ㅏ   ㅇ

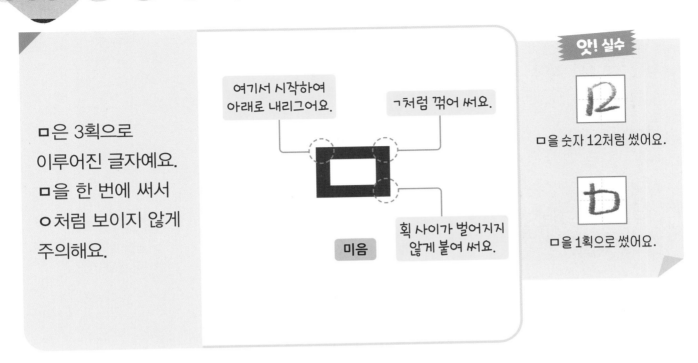

ㅁ은 3획으로 이루어진 글자예요. ㅁ을 한 번에 써서 ㅇ처럼 보이지 않게 주의해요.

여기서 시작하여 아래로 내리그어요.

ㄱ처럼 꺾어 써요.

획 사이가 벌어지지 않게 붙여 써요.

미음

앗! 실수

ㅁ을 숫자 12처럼 썼어요.

ㅁ을 1획으로 썼어요.

✏ ㅁ을 바른 모양으로 써 보세요.

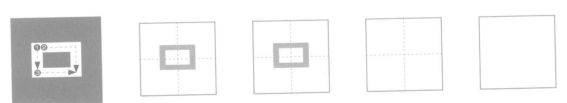

✏ 모양에 주의하며 글자에 쓰인 ㅁ을 써 보세요.

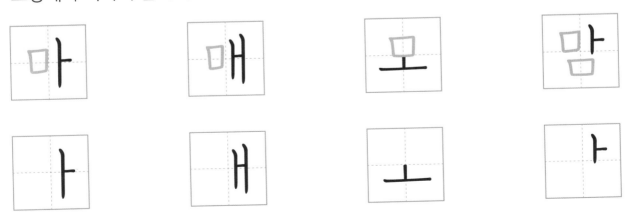

ㅂ은 ㅁ에서 획이
위로 길어진
글자예요.
ㅃ은 ㅂ 두 개를
붙여 쓰는 글자여서
가로를 ㅂ의 절반
길이로 써요.

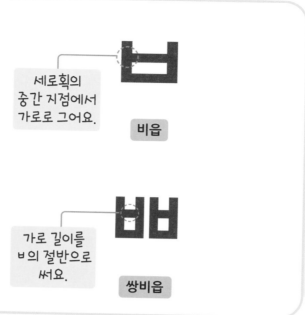

세로획의
중간 지점에서
가로로 그어요.

비읍

가로 길이를
ㅂ의 절반으로
써요.

쌍비읍

✎ ㅂ과 ㅃ을 바른 모양으로 써 보세요.

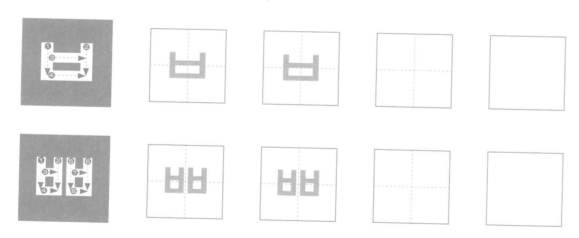

✎ 모양에 주의하며 글자에 쓰인 ㅂ과 ㅃ을 써 보세요.

ㅃ은 획수가 많은 글자니까
주의해서 쓰도록 해.

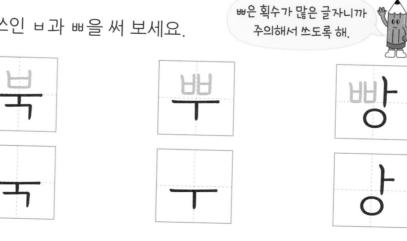

ㅍ은 ㅁ에서 획이
양쪽으로 길어진
글자예요.
쓸 때에는 각각의
획에 따라 네 번으로
나누어 써요.

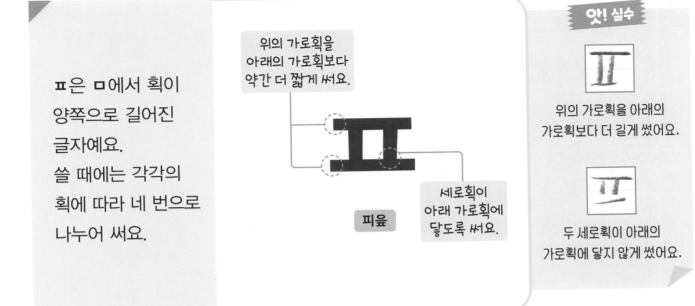

위의 가로획을
아래의 가로획보다
약간 더 짧게 써요.

세로획이
아래 가로획에
닿도록 써요.

피읖

✏️ ㅍ을 바른 모양으로 써 보세요.

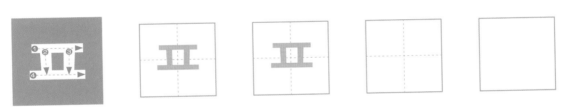

✏️ 모양에 주의하며 글자에 쓰인 ㅍ을 써 보세요.

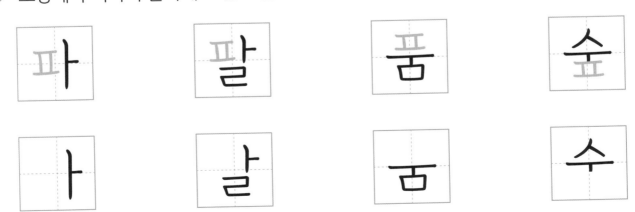

08 ㅅ ㅆ ㅈ ㅉ ㅊ 쓰기

ㅅ은 왼쪽으로 삐치는 선과 오른쪽으로 삐치는 선으로 이루어진 글자예요. ㅆ은 ㅅ 두 개를 붙여 쓰는 글자여서 가로 너비를 ㅅ의 절반으로 써요.

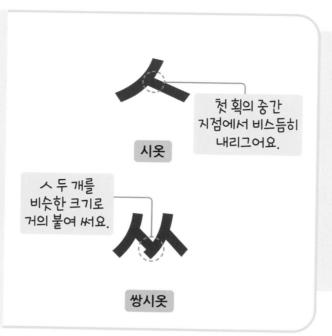

첫 획의 중간 지점에서 비스듬히 내리그어요.

시옷

ㅅ 두 개를 비슷한 크기로 거의 붙여 써요.

쌍시옷

✏️ ㅅ과 ㅆ을 바른 모양으로 써 보세요.

✏️ 모양에 주의하며 글자에 쓰인 ㅅ과 ㅆ을 써 보세요.

ㅅ 아래에 모음이 올 때는 옆에 모음이 올 때보다 좀 더 납작하게 써야 해.

ㅈ은 ㅅ의 위쪽에 1획이 더 붙은 글자지만 쓸 때는 2획으로 써요.
ㅉ은 ㅈ 두 개를 붙여 쓰는 글자여서 가로 너비를 ㅈ의 절반으로 써요.

꺾어 삐치는 획을 한 번에 써요.

지읒

ㅈ 두 개를 비슷한 크기로 거의 붙여 써요.

쌍지읒

앗! 실수

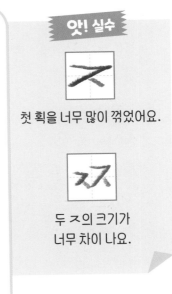

첫 획을 너무 많이 꺾었어요.

두 ㅈ의 크기가 너무 차이 나요.

✏ ㅈ과 ㅉ을 바른 모양으로 써 보세요.

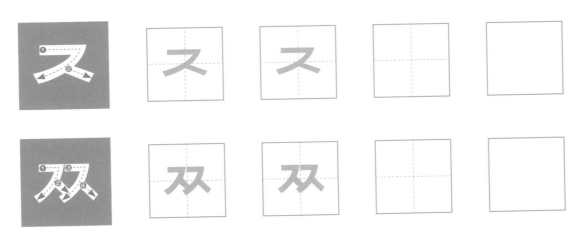

✏ 모양에 주의하며 글자에 쓰인 ㅈ과 ㅉ을 써 보세요.

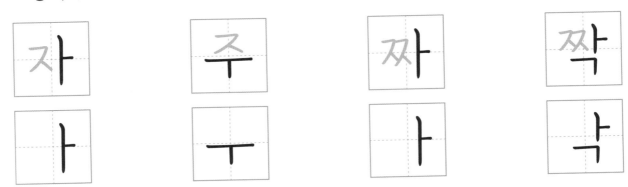

ㅊ은 ㅈ 위쪽에
1획이 더해진
글자예요.
먼저 1획을 짧게
가로로 그은 다음
그 아래에
ㅈ을 써요.

짧은 선을
먼저 써요.

치읓

사선 중간 지점에서
오른쪽으로 짧게
비스듬히 써요.

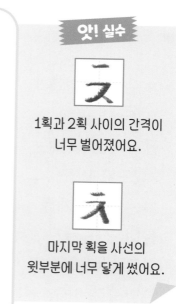
✎ ㅊ을 바른 모양으로 써 보세요.

✎ 모양에 주의하며 글자에 쓰인 ㅊ을 써 보세요.

09 ㅇ ㅎ 쓰기

ㅇ은 한 획으로
이루어진 글자예요.
연필을 떼지 않고
동그라미를 그리듯
부드럽게 돌려 써요.

시계 반대 방향으로
돌려 써요.

시작점과 끝점이
닿아야 해요.

이응

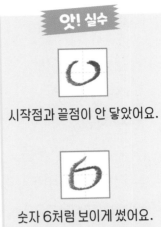
✎ ㅇ을 바른 모양으로 써 보세요.

ㅇ은 어떤 위치에 오더라도
모양이 거의 변하지 않아.

✎ 모양에 주의하며 글자에 쓰인 ㅇ을 써 보세요.

  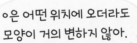

ㅎ은 ㅇ 위쪽에
두 획이 붙은
글자예요.
획 사이의 간격을
유지하며 위부터
차례대로 써요.

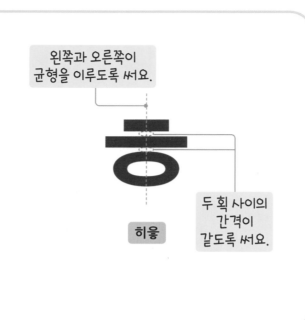

왼쪽과 오른쪽이
균형을 이루도록 써요.

히읗

두 획 사이의
간격이
같도록 써요.

✎ ㅎ을 바른 모양으로 써 보세요.

✎ 모양에 주의하며 글자에 쓰인 ㅎ을 써 보세요.

ㅎ 아래에 모음이 오는
받침 글자에서는 ㅎ을
더 납작하게 써야 해.

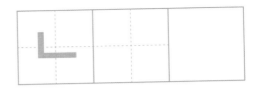

✏️ 순서에 맞게 자음자를 써 보세요.

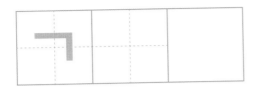

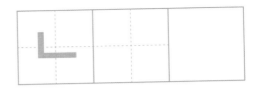

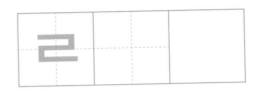

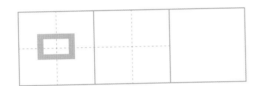

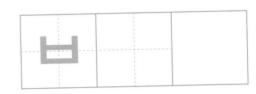

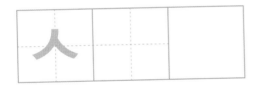

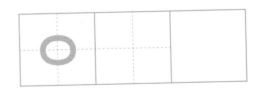

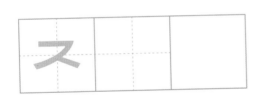

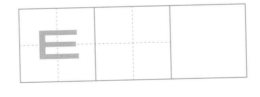

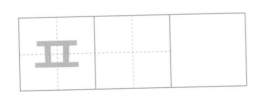

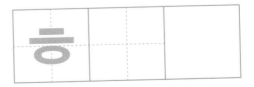

3획으로 쓰는 글자예요.

ㅏ + ㅣ ▶ ㅐ

ㅓ + ㅣ ▶ ㅔ

4획으로 쓰는 글자예요.

ㅑ + ㅣ ▶ ㅒ

ㅕ + ㅣ ▶ ㅖ

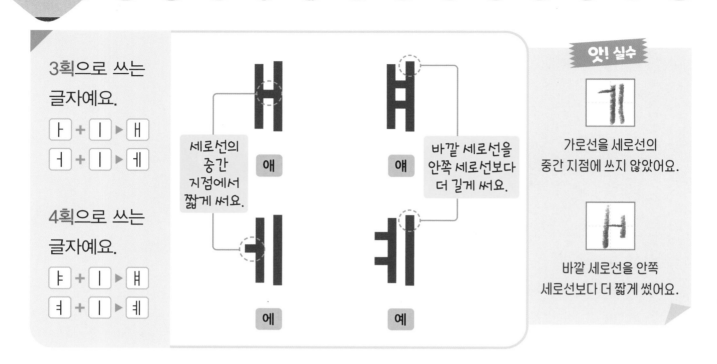

세로선의 중간 지점에서 짧게 써요.

바깥 세로선을 안쪽 세로선보다 더 길게 써요.

앗! 실수

가로선을 세로선의 중간 지점에 쓰지 않았어요.

바깥 세로선을 안쪽 세로선보다 더 짧게 썼어요.

✏ ㅐ, ㅒ, ㅔ, ㅖ를 바른 모양으로 써 보세요.

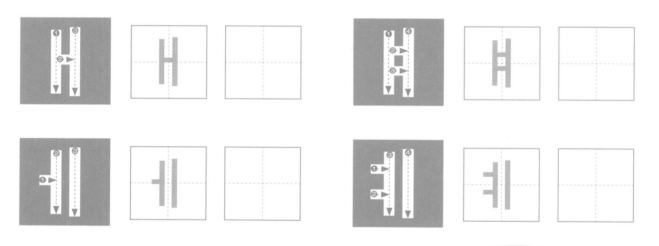

✏ 모양에 주의하며 글자에 쓰인 ㅐ, ㅒ, ㅔ, ㅖ를 써 보세요.

받침이 있고 없음에 따라 모음자의 세로 길이가 달라져.

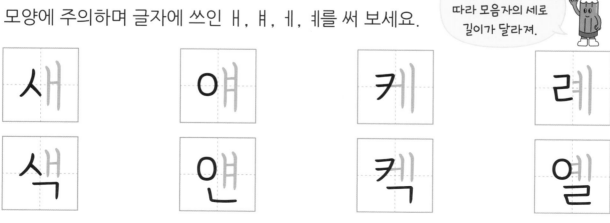

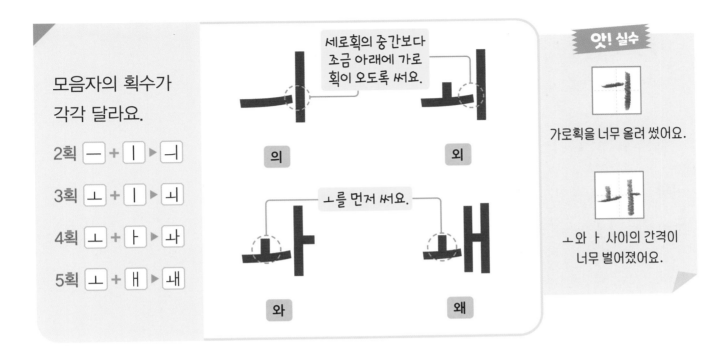

모음자의 획수가 각각 달라요.

2획 ─ + │ ▶ ⊣

3획 ⊥ + │ ▶ ⊥│

4획 ⊥ + ├ ▶ ⊥├

5획 ⊥ + ┤├ ▶ ⊥┤├

세로획의 중간보다 조금 아래에 가로획이 오도록 써요.

의

외

ㅗ를 먼저 써요.

와

왜

✎ ⊣, ⊥│, ⊥├, ⊥┤├를 바른 모양으로 써 보세요.

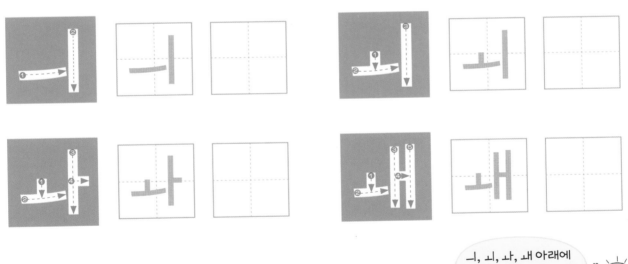

✎ 모양에 주의하며 글자에 쓰인 ⊣, ⊥│, ⊥├, ⊥┤├를 써 보세요.

⊣, ⊥│, ⊥├, ⊥┤├ 아래에 받침이 있으면 세로획을 짧게 써야 해.

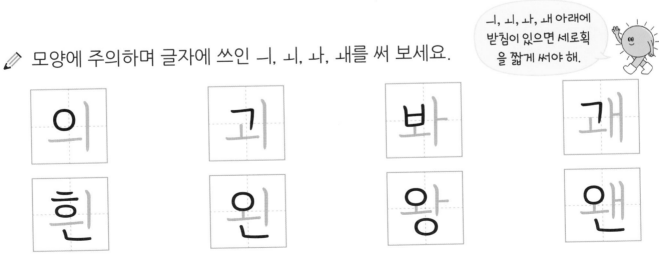

의 / 괴 / 봐 / 괘

흰 / 왼 / 왕 / 왠

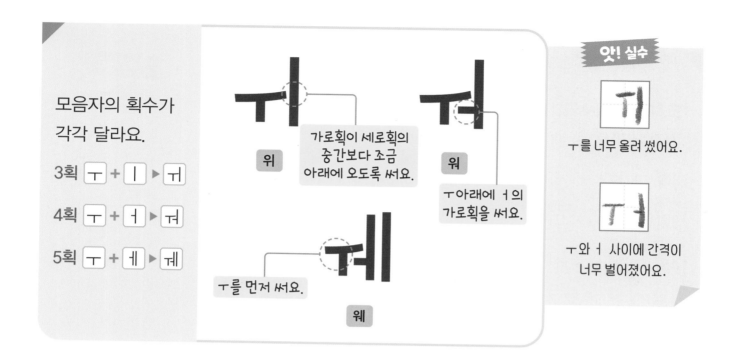

모음자의 획수가
각각 달라요.

3획 ㅜ + ㅣ ▶ ㅟ

4획 ㅜ + ㅓ ▶ ㅝ

5획 ㅜ + ㅔ ▶ ㅞ

위 — 가로획이 세로획의 중간보다 조금 아래에 오도록 써요.

워 — ㅜ 아래에 ㅓ의 가로획을 써요.

웨 — ㅜ를 먼저 써요.

ㅜ를 너무 올려 썼어요.

ㅜ와 ㅓ 사이에 간격이 너무 벌어졌어요.

✏ ㅟ, ㅝ, ㅞ를 바른 모양으로 써 보세요.

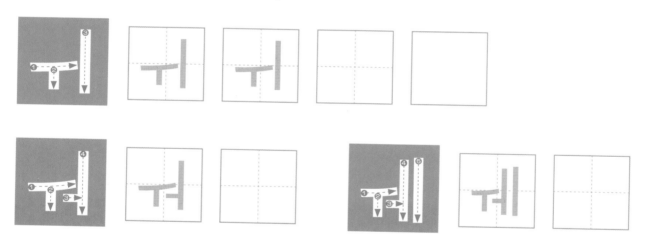

✏ 모양에 주의하며 글자에 쓰인 ㅟ, ㅝ, ㅞ를 써 보세요.

귀
신

휘
퀵

워
원

웨
웬

✏️ 모음자를 써 넣어 글자를 완성해 보세요.

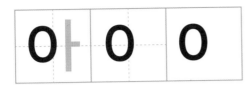 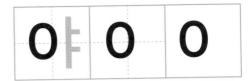

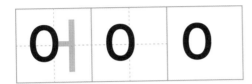 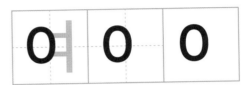

 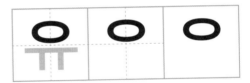

  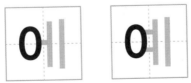

2

글자 바르게 쓰기

받침이 없으면서
자음의 오른쪽에
모음이 오는 글자는
◁(기울인 세모)
모양으로 써요.
이때 자음과 모음
사이의 간격을
알맞게 띄어 쓰도록
해요.

앗! 실수

자음과 모음 사이가 너무 멀어요.

연필을 떼지 않고 한 번에 썼어요.

모음의 세로 길이가 짧아요.

✎ ◁ 모양에 주의하며 글자를 써 보세요.

모음의 세로 길이를
자음보다 길게 써야 해.

 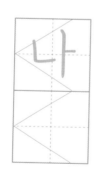 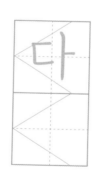 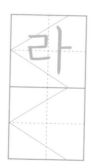 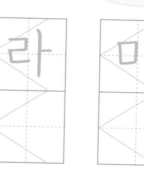 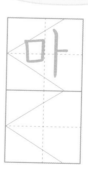 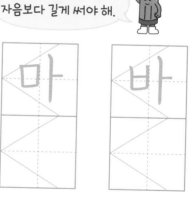

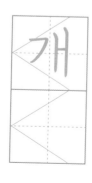 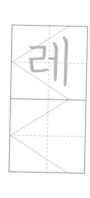 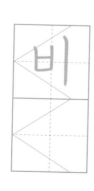 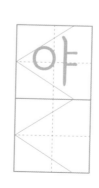 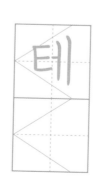 

✏️ ◁ 모양 글자로 된 낱말을 써 보세요.

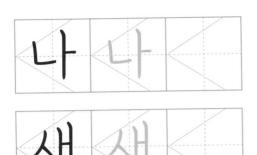

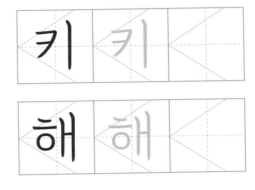

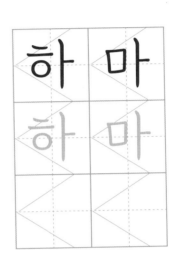

✏️ 앞 글자를 모아서 낱말을 써 보세요.

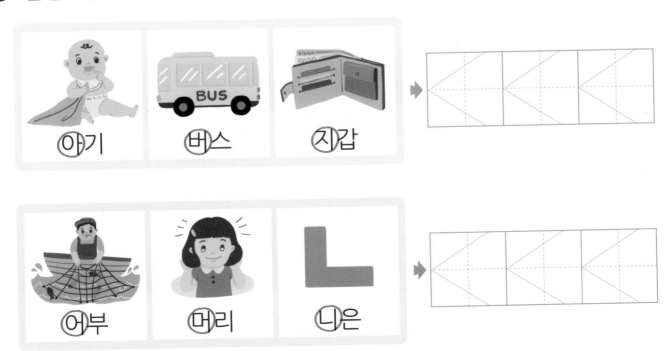

아기 버스 지갑

어부 머리 니은

✏️ ◁ 모양 글자에 주의하며 구절을 써 보세요.

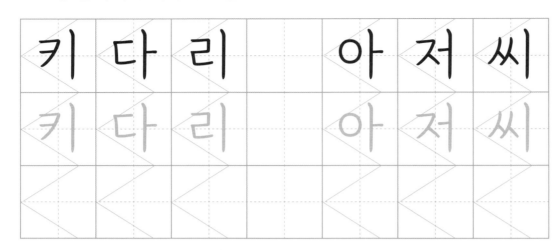

키 다 리　아 저 씨

키 다 리　아 저 씨

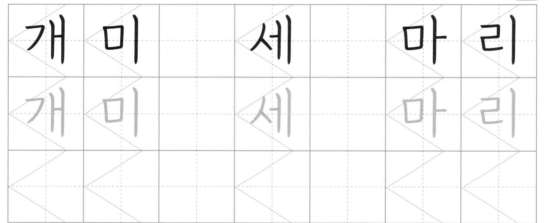

개 미　세　마 리

개 미　세　마 리

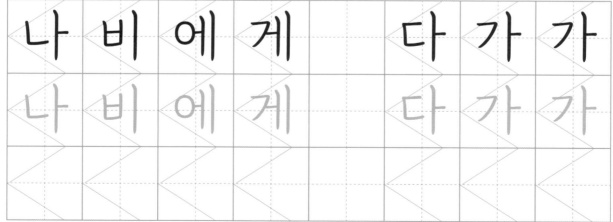

나 비 에 게　다 가 가

나 비 에 게　다 가 가

자 세 히　소 개 하 기
자 세 히　소 개 하 기
　　　　　소

어 디 에 서　사 나 ?
어 디 에 서　사 나 ?
　　　　　　　?

이 어 서　말 하 기
이 어 서　말 하 기
　　　　말

자음의 아래쪽에
모음 'ㅗ, ㅛ, ㅡ'가
오는 글자는
△(바른 세모)
모양으로 써요.
모음의 가로 길이를
자음의 가로
길이보다 길게
쓰도록 해요.

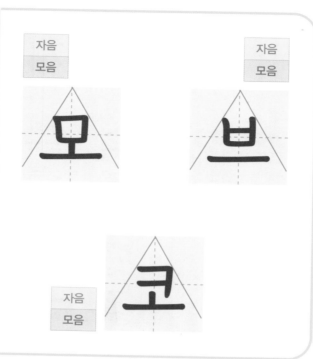

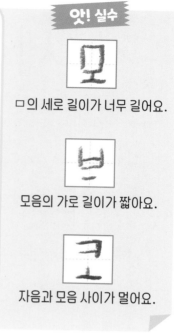

앗! 실수

ㅁ의 세로 길이가 너무 길어요.

모음의 가로 길이가 짧아요.

자음과 모음 사이가 멀어요.

✏️ △ 모양에 주의하며 글자를 써 보세요.

글자가 △ 모양에 맞춰지도록 쓰는 게 좋아.

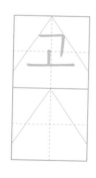 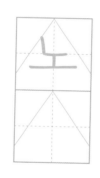 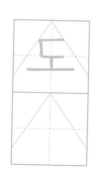 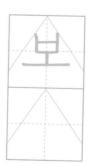 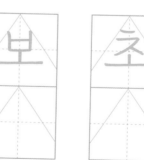 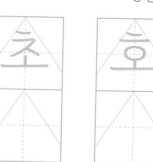

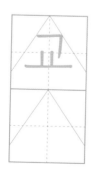 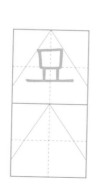 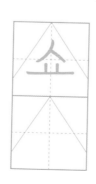 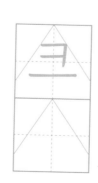 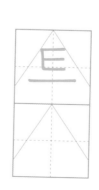 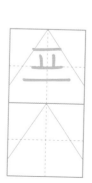

✏️ △ 모양 글자로 된 낱말을 써 보세요.

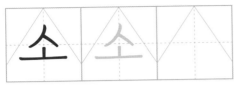

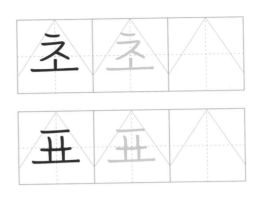

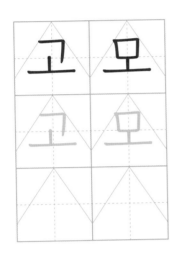

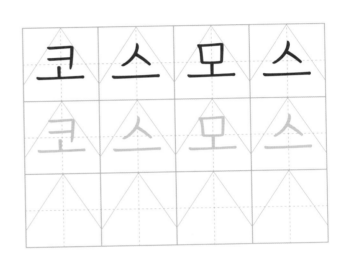

✏️ 가운데 글자를 모아서 낱말을 써 보세요.

리코더

다트판

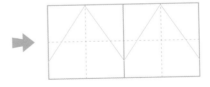

청포도

생크림

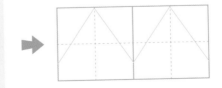

✏️ △ 모양 글자에 주의하며 구절을 써 보세요.

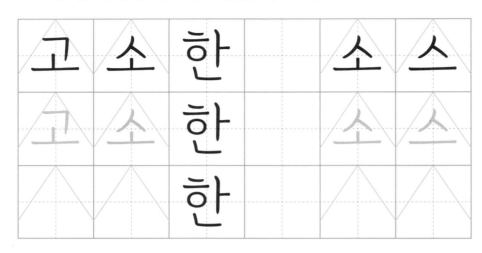

고 소 한 　 소 스
고 소 한 　 소 스
　 　 한 　 　 　

으 스 스 한 　 느 낌
으 스 스 한 　 느 낌
　 　 　 한 　 　 낌

앞에서 연습한 다른 모양 글자도 함께 써 봐.

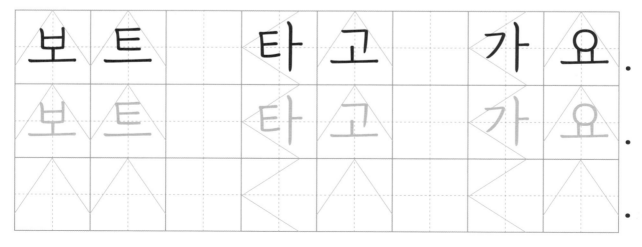

보 트 　 타 고 　 가 요.
보 트 　 타 고 　 가 요.

스 스 로　고 치 기

스 스 로　고 치 기

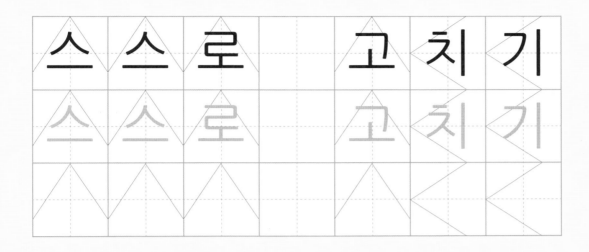

모 으 기 와　가 르 기

모 으 기 와　가 르 기

와

노 래 로　표 현 해 요 .

노 래 로　표 현 해 요 .

현 .

자음의 아래쪽에 모음 'ㅜ, ㅠ'가 오는 글자는 ◇(마름모) 모양으로 써요.
모음의 가로 길이를 자음의 가로 길이보다 더 길게 쓰도록 해요.

앗! 실수

모음의 가로 길이가 너무 짧아요.

모음의 세로 길이가 너무 짧아요.

자음의 세로 길이가 너무 길어요.

✏️ ◇ 모양에 주의하며 글자를 써 보세요.

자음과 모음 사이가 너무 벌어지지 않게 써야 해.

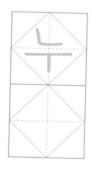    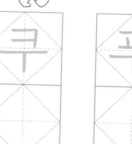 

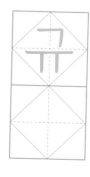 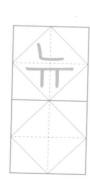 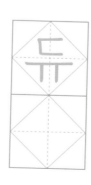   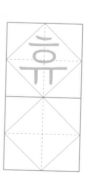

✏️ ◇ 모양 글자로 된 낱말을 써 보세요.

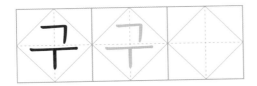

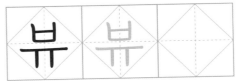

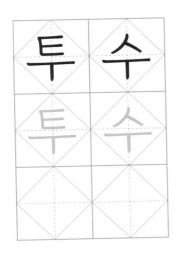

✏️ 끝 글자를 모아서 낱말을 써 보세요.

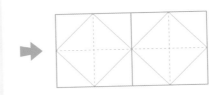

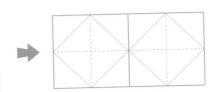

✏️ ◇ 모양 글자에 주의하며 구절을 써 보세요.

나	무		두		그	루
나	무		두		그	루

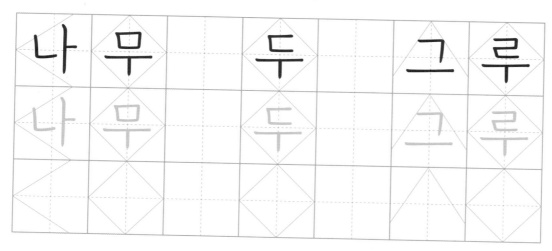

여	우	와		두	루	미
여	우	와		두	루	미
		와				

앞에서 연습한 다른 모양 글자도 함께 써 봐.

구	수	한		누	룽	지
구	수	한		누	룽	지
		한			룽	

우	리		모	두		친	구
우	리		모	두		친	구
						친	

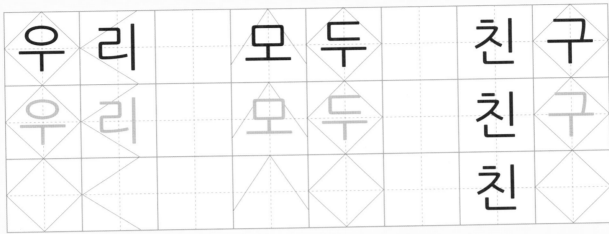

두		수	의		규	칙
두		수	의		규	칙
			의			칙

누	구	와		무	순		일
누	구	와		무	순		일
		와			순		일

14 ◇ 모양 홑받침 글자 쓰기

자음의 아래쪽에 모음 'ㅗ, ㅛ, ㅜ, ㅠ, ㅡ'가 오는 받침 글자는 ◇(마름모) 모양으로 써요.
모음을 중심으로 위아래의 자음을 비슷한 크기로 써요.

자음
모음
자음

자음
모음
자음

자음
모음
자음

✏️ ◇ 모양에 주의하며 글자를 써 보세요.

모음의 가로 길이를 자음보다 길게 써.

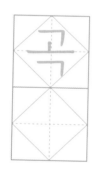 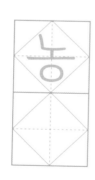 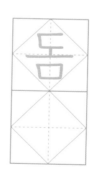 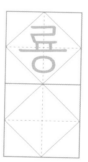 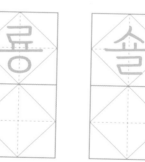 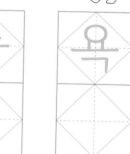

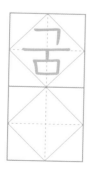 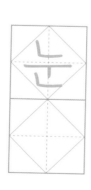 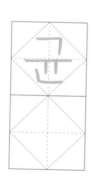 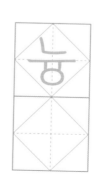 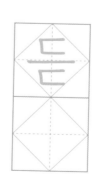 

✏️ ◇ 모양 글자로 된 낱말을 써 보세요.

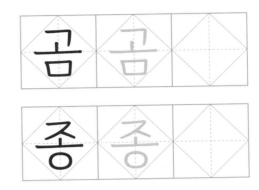

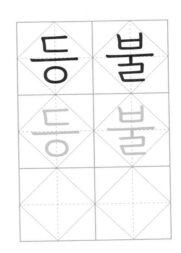

✏️ 빈칸에 알맞은 글자를 써 보세요.

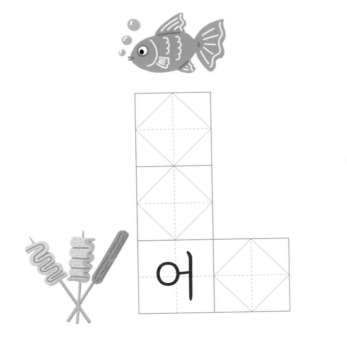

어

?

표

✏️ ◇ 모양 글자에 주의하며 구절을 써 보세요.

콧	물	이		줄	줄
콧	물	이		줄	줄

앞에서 연습한 다른 모양
글자도 함께 써 봐.

곤	충	의		울	음	소	리
곤	충	의		울	음	소	리
		의					

분	홍	빛		복	숭	아
분	홍	빛		복	숭	아
		빛				
		빛				

동 네　돌 기　놀 이

동 물　모 습　흉 내

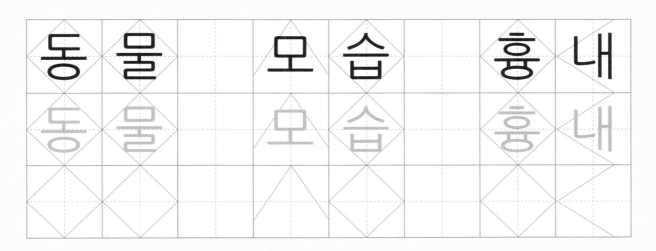

울 긋 불 긋　가 을 빛

빛

15 ☐ 모양 홑받침 글자 쓰기

자음의 오른쪽에
모음 'ㅏ, ㅑ, ㅓ, ㅕ, ㅣ'
등이 오는 받침
글자는 ☐(네모)
모양으로 써요.
자음과 모음, 받침의
사이가 너무 멀어지지
않도록 짜임새 있게
써요.

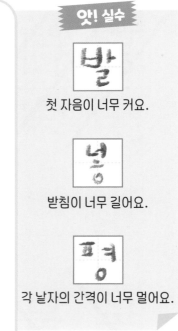

첫 자음이 너무 커요.

받침이 너무 길어요.

각 낱자의 간격이 너무 멀어요.

✏️ ☐ 모양에 주의하며 글자를 써 보세요.

모음 ㅐ, ㅔ가 오는 받침 글자도
☐(네모) 모양으로 써.

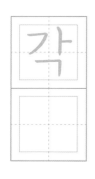 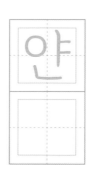 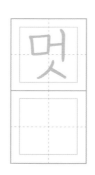 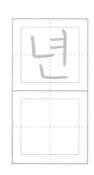  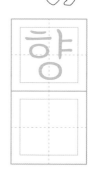

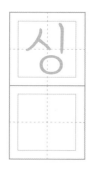 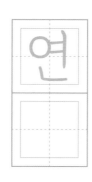 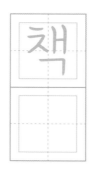  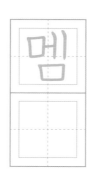 

✏️ □ 모양 글자로 된 낱말을 써 보세요.

✏️ 빈칸에 알맞은 글자를 써 보세요.

생

짜

✏️ □ 모양 글자에 주의하며 구절을 써 보세요.

구	멍		난		양	말
구	멍		난		양	말

앞에서 연습한 다른 모양 글자도 함께 써 봐.

김	밥		먹	는		학	생
김	밥		먹	는		학	생

벽	에		걸	린		달	력
벽	에		걸	린		달	력

인 상　깊 은　일 들

인 상　깊 은　일 들

얼 음 집 과　천 막 집

얼 음 집 과　천 막 집

과

건 강　안 전　체 험

건 강　안 전　체 험

16 된소리 글자 쓰기

첫 자음이 된소리
(ㄲ, ㄸ, ㅃ, ㅆ, ㅉ)인
글자는 모음에
따라 여러 가지
모양으로 써요.
된소리 글자는
두 자음의 크기가
같도록 써요.

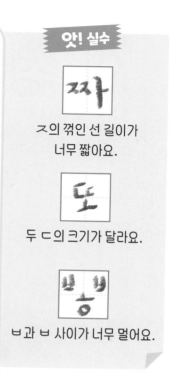

앗! 실수

ㅈ의 꺾인 선 길이가
너무 짧아요.

두 ㄷ의 크기가 달라요.

ㅂ과 ㅂ 사이가 너무 멀어요.

✏️ 된소리 글자를 써 보세요.

> 된소리 글자는 자음을 하나만
> 썼을 때보다 더 작게 써야 해.

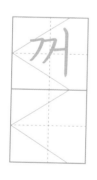
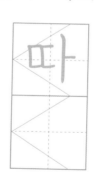

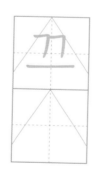
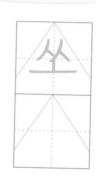
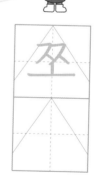

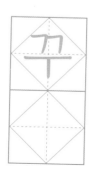
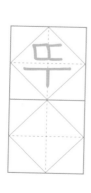
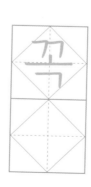
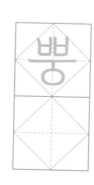
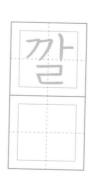
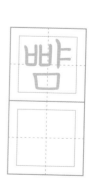

✎ 된소리 글자가 들어간 낱말을 써 보세요.

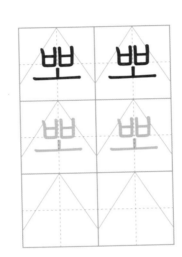

✎ 빈칸에 된소리 글자가 들어간 낱말을 써 보세요.

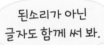
된소리가 아닌
글자도 함께 써 봐.

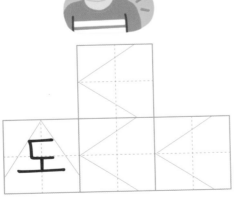
도

코

✏️ 된소리 글자에 주의하며 구절을 써 보세요.

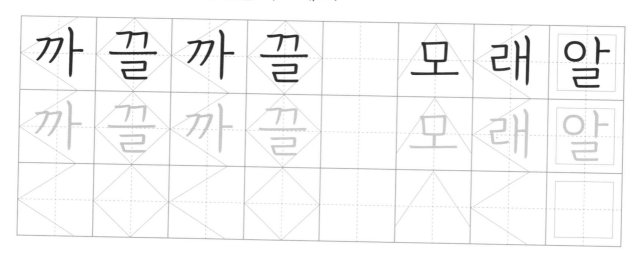

까	끌	까	끌		모	래	알
까	끌	까	끌		모	래	알

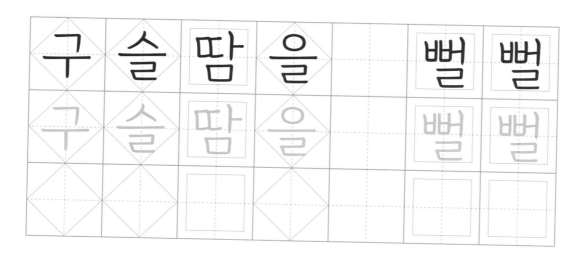

구	슬	땀	을		뻘	뻘
구	슬	땀	을		뻘	뻘

된소리가 아닌
글자도 함께 써 봐.

손	뻑	을		짝	짜	꿍
손	뻑	을		짝	짜	꿍

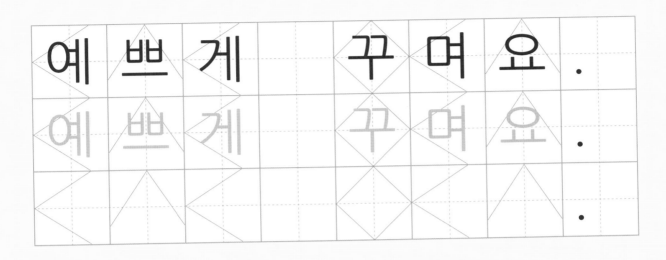

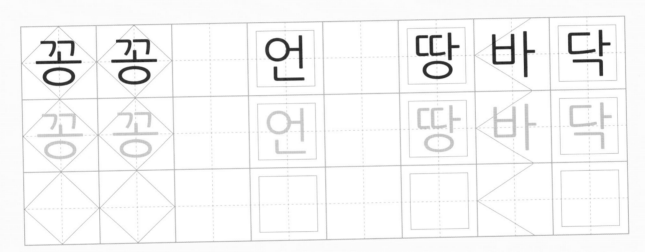

17 복잡한 모음 글자 쓰기

복잡한 모음
(ㅚ, ㅟ, ㅘ, ㅝ, ㅙ,
ㅞ, ㅢ 등)이 들어간
글자는 기본 모음이
들어간 글자에 비해
자음을 작게 쓰도록
해요.

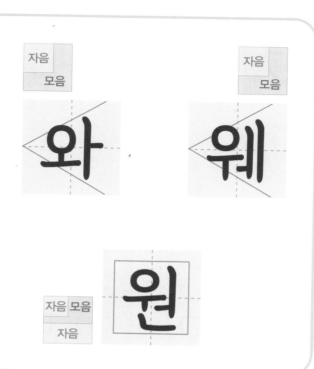

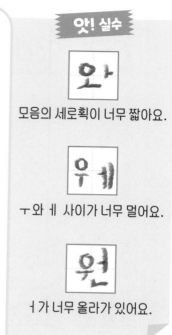

앗! 실수

모음의 세로획이 너무 짧아요.

ㅜ와 ㅔ 사이가 너무 멀어요.

ㅓ가 너무 올라가 있어요.

✎ 복잡한 모음이 들어간 글자를 써 보세요.

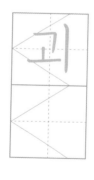 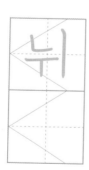 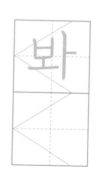  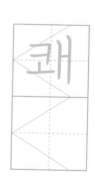 

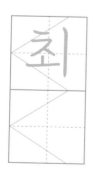  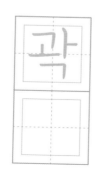 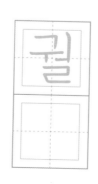 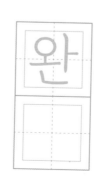 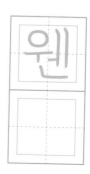

✏️ 복잡한 모음 글자가 들어간 낱말을 써 보세요.

✏️ 빈칸에 알맞은 글자를 써 보세요.

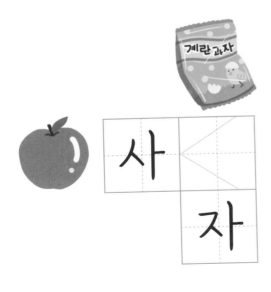

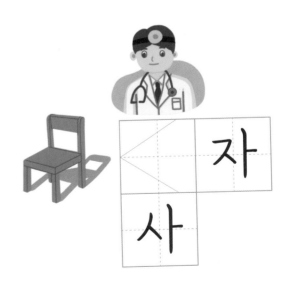

✏️ 복잡한 모음 글자에 주의하며 구절을 써 보세요.

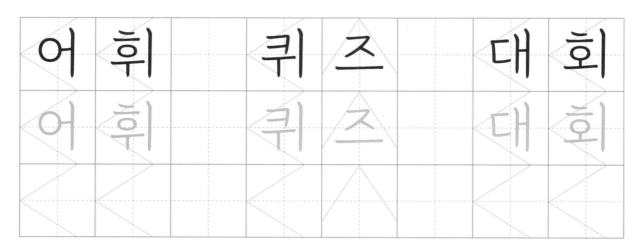

어 휘 퀴 즈 대 회

앞에서 연습한 기본 모음 글자도 함께 써 봐.

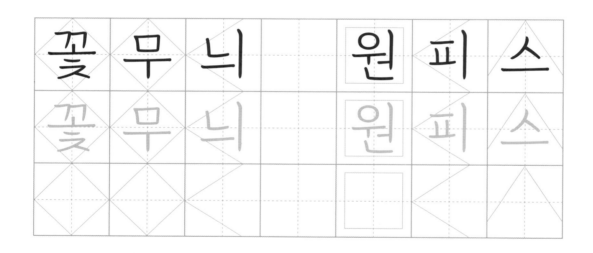

꽃 무 늬 원 피 스

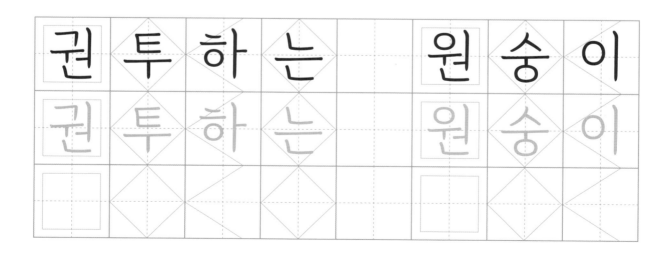

권 투 하 는 원 숭 이

이웃과　나눠요.

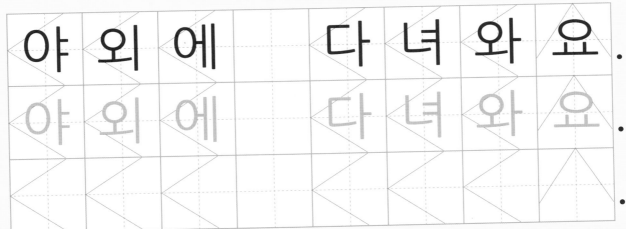

야외에　다녀와요.

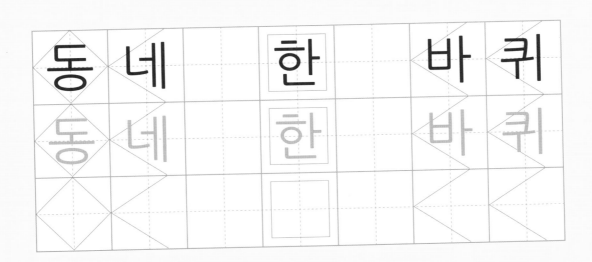

동네　한　바퀴

18 쌍받침 글자 쓰기

같은 자음 두 개가
받침으로 붙는
쌍받침 글자는 ㄲ과
ㅆ 두 개뿐이에요.
받침에 쓰는 두
자음의 크기를
같게 쓰도록 해요.

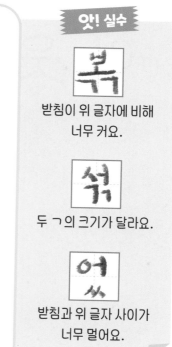
✏ 쌍받침이 들어간 글자를 써 보세요.

 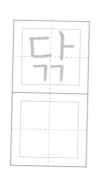 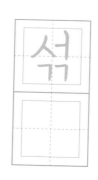 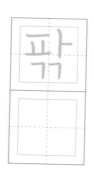 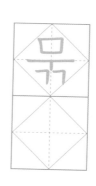 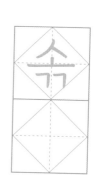

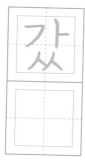  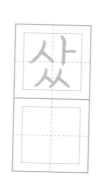 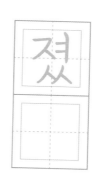  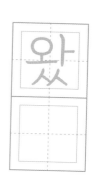

✏️ 쌍받침 글자가 들어간 낱말을 써 보세요.

안	팎
안	팎

창	밖
창	밖

떡	볶	이
떡	볶	이

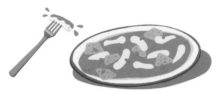

낚	시
낚	시

깎	다
깎	다

섞	었	다
섞	었	다

썼	다
썼	다

탔	다
탔	다

잡	았	다
잡	았	다

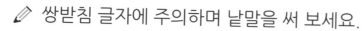 쌍받침 글자에 주의하며 낱말을 써 보세요.

꺾	다	샀	다	맛	있	다
꺾	다	샀	다	맛	있	다

✏ 빈칸에 알맞은 쌍받침 글자를 보기 에서 찾아 써 보세요.

'앉'은 두 낱말에 쓸 수 있어.

보기   묵 볶 닭 았 었

 채소를 [ ][ ]다.

 유리창을 [ ][ ]다.

 신발 끈을 [ ][ ]다.

두 묶음이 있다.

밖에 있지 말고

왜 재미있었는지

받침이 두 개인 겹받침은 ㄳ, ㄵ, ㄶ, ㄺ, ㄻ, ㄼ, ㄾ, ㄿ, ㅀ, ㅄ 등이 있어요.
겹받침에 쓰는 두 자음은 비슷한 크기로 써요.

ㄱ과 ㅅ의 거리가 너무 멀어요.

겹받침이 첫 자음 ㅎ에 비해 너무 커요.

ㄴ에 비해 ㅎ이 너무 커요.

✎ 겹받침이 들어간 글자를 써 보세요.

> 겹받침 글자는 글자의 중앙이 십자선에 맞도록 써.

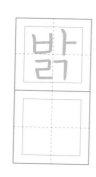
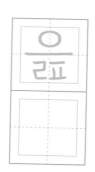

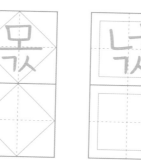

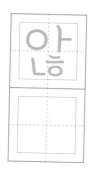

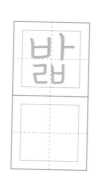
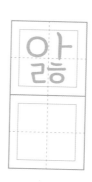

✏ 겹받침 글자에 주의하며 낱말을 써 보세요.

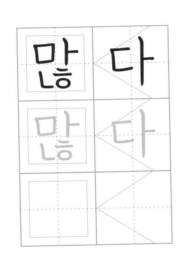

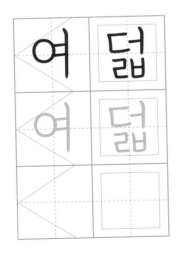

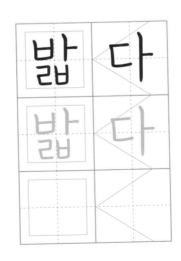

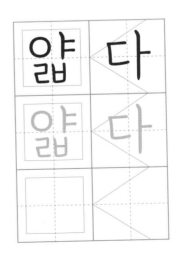

✏️ 겹받침 글자에 주의하며 낱말을 써 보세요.

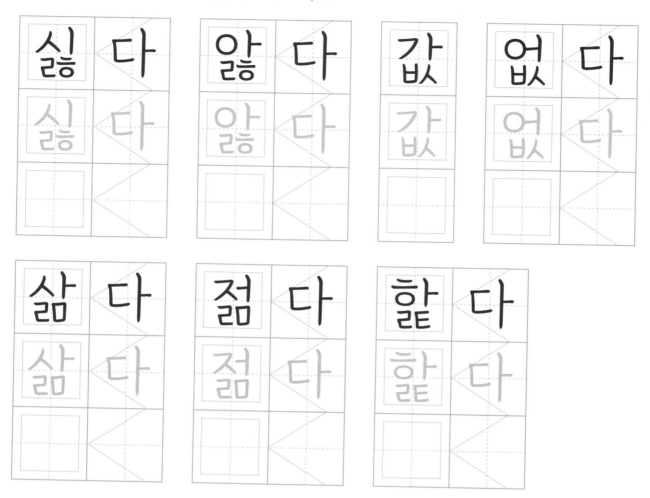

싫다　앓다　값　없다

싫다　앓다　값　없다

삶다　젊다　핥다

삶다　젊다　핥다

✏️ 빈칸에 알맞은 겹받침 글자를 보기 에서 찾아 써 보세요.

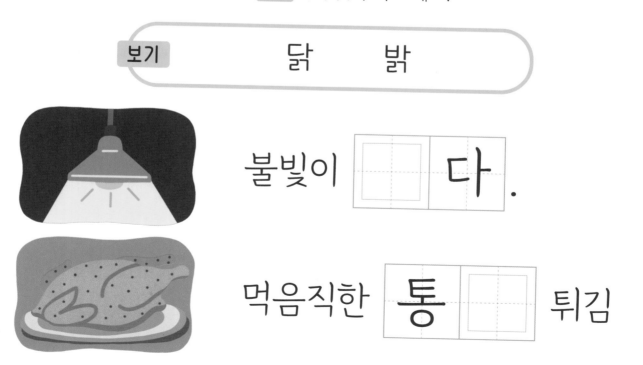

보기　　닭　밝

불빛이 □ 다.

먹음직한 통 □ 튀김

넓은 쪽에 앉기

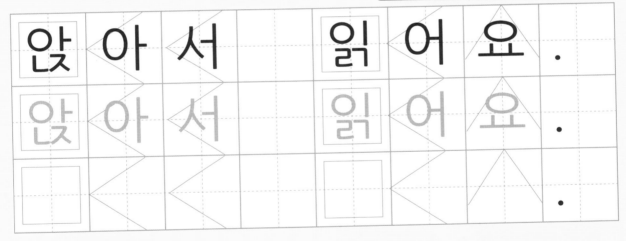

앉아서 읽어요.

흙을 밟지 않고

20 여러 모양 글자·숫자 쓰기

글자는 자음과 모음의 짜임에 따라 네 가지 모양으로 써요.
글자 속에 들어 있는 자음과 모음의 위치를 살펴보면서 바른 모양으로 쓰도록 해요.

◁ (기울인 세모) 모양

머 리

△ (바른 세모) 모양

포 도

◇ (마름모) 모양

무 릎

□ (네모) 모양

낱 말

✏️ 글자의 모양에 주의하며 수수께끼의 답에 ○표를 하고 빈칸에 옮겨 써 보세요.

1 먹으면 먹을수록 많아지는 것은?
　나이　　만두

2 일을 하면 할수록 키가 작아지는 것은?
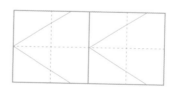
　고드름　　지우개

3 산은 산인데 못 오르는 산은?
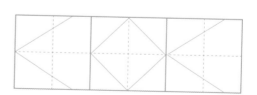
　우산　　동산

4 세상에서 가장 빠른 개는?

번개　　안개

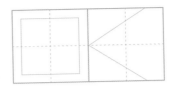

5 가만히 있어도 못 잡는 것은?

다람쥐　　그림자

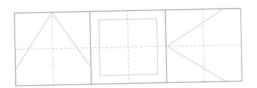

6 말은 말인데 타지 못하는 말은?

양말　　암말

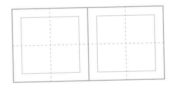

7 밤만 되면 가는 나라는?

달나라　　꿈나라

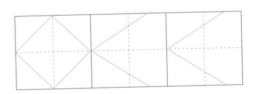

8 뒤로 가면 이기고 앞으로 가면 지는 것은?

넓이뛰기　　줄다리기

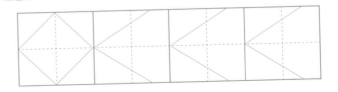

우리가 사용하는 숫자는
0, 1, 2, 3, 4, 5, 6, 7, 8, 9
예요.
그 숫자 중 1, 4, 7 외에는
모두 둥근 선이 들어
있으므로, 원을 그리듯
부드럽게 굴려서 쓰도록
해요.

'4'인지 '나'인지 구분하기 어려워요.

'0'인지 '6'인지 구분하기 어려워요.

'1'인지 '7'인지 구분하기 어려워요.

✏ 0에서 9까지 숫자를 써 보세요.

✏ 10 이상의 숫자를 써 보세요.

10	20	30	40	50	60

70	80	90	100	1000

> 10 이상의 숫자는
> 한 칸에 2개씩 써야 해.

✏ 달력의 빈칸에 알맞은 숫자를 써 보세요.

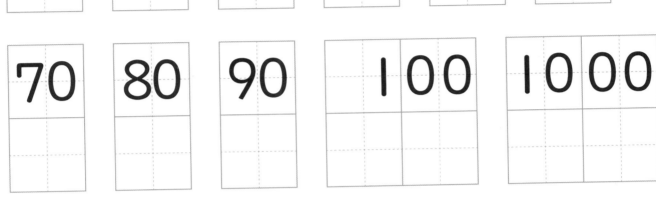

5월

일	월	화	수	목	금	토
1	2		4	5 어린이날		7
8 어버이날	9		11		13	
	16		18		20	21
22		24		26	27	
29		31				

3

좋은 문장 쓰기

일차	학습 내용	글씨 쓴 날짜
21	마음을 전하는 말 쓰기	월 일
22	관용어 • 속담 쓰기	월 일
23	가로 줄칸에 문장 쓰기	월 일
24	따라 쓰기 전래 동요	월 일
25	동시	월 일
26	메모하기	월 일
27	카드 쓰기	월 일
28	일기 쓰기	월 일
29	계획표 쓰기	월 일
30	원고지 쓰기	월 일

'말 한마디가 천 냥 빚을 갚는다.'는 말이 있어요.
좋은 말 한마디가 큰돈보다 더 큰 힘을 발휘한다는
뜻이에요.
말은 상황에 맞게 써야 해요. 여러 가지 상황에
어울리게 마음을 전하는 말들을 알아봐요.

괜찮아.

✏️ 좋은 일이 있는 친구에게 해 줄 말들을 옮겨 써 보세요.

놀	라	워	!

굉	장	해	!

축	하	해	!

우	아	,	멋	있	어	!

네	가		자	랑	스	러	워	.

너		정	말		대	단	하	구	나	!

✏️ 화나 있거나 슬퍼하는 친구를 위로해 줄 말들을 옮겨 써 보세요.

괜	찮	니	?

화	났	어	?

힘	들	지	?

힘	내	.

많	이		속	상	하	지	?

너		때	문	이		아	니	야	.

화	내	는		거		당	연	해	.

네		마	음		이	해	해	.

처음 만난 친구와 친해지고 싶을 때 사용할 수 있는 말들을 옮겨 써 보세요.

안	녕	?

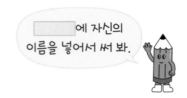 에 자신의 이름을 넣어서 써 봐.

나	는					야	.

만	나	서		반	가	워	.

네		이	름	은		뭐	니	?

너	랑		친	해	지	고		싶	어	.

우	리		친	하	게		지	내	자	.

✏️ 들으면 기분 좋아지는 말들을 옮겨 써 보세요.

고	마	워	.

미	안	해	.

사	랑	해	.

감	사	합	니	다	.

지	금	까	지		잘	하	고		있	어	.

응	원	할	게	.

칸이 부족할 때
쉼표나 마침표는 글자와
같은 칸에 써.

네	가		최	고	야	.

너	무		행	복	해	요	.

22

관용어·속담 쓰기

관용어는 둘 이상의 낱말이 합쳐져서 원래 뜻과 다른 새로운 뜻을 나타내요. 어떤 상황에서 관용어가 쓰이는지 알아봐요.

어이구, 깨가 쏟아지네!

깔깔

* 깨가 쏟아지다: 사이가 매우 좋아서 행복하고 재미나다.

✏️ 관용어가 쓰이는 상황을 살펴보며 빈칸에 옮겨 써 보세요.

입	이		짧	다

그만 먹을래요.

그렇게 입이 짧아서 어떡하니? 많이 먹어야 키가 쑥쑥 클 텐데.

뜻▶ 싫어하는 음식이 많고 적게 먹다.

배	가		아	프	다

준호가 리키 형한테 사인 받았대!

부럽다! 나도 받고 싶었는데! 배 아파!

뜻▶ 남이 잘되는 것이 심술이 나고 속상하다.

놀이공원에 사람들 많지?

응. 어찌나 많던지 발 디딜 틈이 없었어.

발		디 딜	틈	이		없	다

뜻▶ 복잡하고 혼잡스럽다.

눈	을		붙	이	다

엄마, 졸려요.

졸리면 방에 가서 잠깐 눈 좀 붙여.

뜻 ▶ 잠을 자다.

코	가		납	작	해	지	다

오늘 공차기에서 2반을 이길 수 있지?

걱정 마. 시작하자마자 공을 넣어서 2반 애들 코가 납작해지게 만들 테니까.

뜻 ▶ 몹시 무안을 당하거나 기가 죽다.

귀	가		따	갑	다

횡단보도 건널 때는 녹색등이 켜졌는지 꼭 확인해.

그 말씀 오늘만 열 번째 들어서 귀가 따가울 정도예요.

뜻 ▶ 너무 여러 번 들어서 듣기가 싫다.

빨셈 문제가 너무 어렵지 않니?

걱정하지 마세요. 이 정도야 손 안 대고 코 풀기죠.

손		안		대	고		코		풀	기

뜻 ▶ 힘을 안 들이고 일을 쉽게 하다.

속담은 예로부터 전해 내려오는 말로, 좋은 가르침이나 주의할 점이 담겨 있어요. 어떤 상황에서 속담이 쓰이는지 알아봐요.

고마워. 네가 공 던지는 자세도 정말 멋졌어.

너 체육 시간에 잘 달리더라. 놀랐어.

* 가는 말이 고와야 오는 말이 곱다

✏️ 숨은 뜻을 알아보며 속담을 옮겨 써 보세요.

백	지	장	도		맞	들	면		낫	다

뜻▶ 아무리 쉬운 일이라도 도우면 훨씬 더 쉽다.

무겁지? 내가 도와줄게.

고마워. 훨씬 가벼워졌어.

세		살		버	릇		여	든	까	지

간	다

뜻▶ 어릴 적 몸에 밴 습관은 늙어 죽을 때까지 고치기 힘들다.

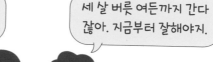

어른 되면 청소 잘할 테니까 지금은 봐 주세요.

세 살 버릇 여든까지 간다 잖아. 지금부터 잘해야지.

티	끌		모	아		태	산

뜻 ▶ 아무리 작은 것이라도 모이면 나중에 큰 덩어리가 된다.

이 저금통을 언제 다 채워요?

티끌 모아 태산이라고 하잖니. 꾸준히 모으면 돼.

가	는		말	이		고	와	야

오	는		말	이		곱	다

뜻 ▶ 내가 다른 사람에게 말이나 행동을 좋게 해야 다른 사람도 내게 좋게 한다.

재우한테 공 좀 잘 차라고 했더니, 나한테 막 욕을 하더라.

가는 말이 고와야 오는 말이 곱다잖아. 기분 안 나쁘게 말했어야지.

천	리		길	도		한	

걸	음	부	터				

이 많은 책을 언제 다 읽어요?

천 리 길도 한 걸음부터라잖아. 방학 첫 날이니 조금씩 읽어 봐.

뜻 ▶ 아무리 큰 일도 작은 일부터 시작되듯이 무슨 일이나 그 시작이 중요하다.

23

가로 줄칸에 문장 쓰기

■ 줄칸 공책에 문장을 쓸 때 받침이
■ 있고 없음에 따라 글자 크기에
차이가 날 수 있어요.
받침이 있는 글자는 자모음의
크기를 줄여서 써야 받침 없는
글자와 크기가 같아져요.

둥근 해가 떠올라요.
아침 체조를 해요.

 글자의 크기에 주의하며 문장을 옮겨 써 보세요.

색칠된 네모 칸에
글자가 가득 차게 써 봐.

어제 좋은 일이 있었다.

.

선생님께 칭찬을 받았다.

.

줄칸 공책은 글자 사이의 간격이 따로 정해져 있지 않아요.
줄칸 공책에 문장을 쓸 때는 글자 사이의 간격, 띄어쓰기 간격이 적당한지 살펴보며 써요.

네모칸

| | 친 | 구 | | 만 | 나 | 기 | |

줄칸

찬구 만나기

글자끼리 겹치지 않게 써요.

한 글자가 들어갈 정도로 띄어 써요.

✏️ 글자의 크기와 띄어쓰기 간격에 주의하며 문장을 옮겨 써 보세요.

앞집☐아이가☐말을☐걸었다.

앞 ☐ ☐ ☐ .

내일은☐내가☐먼저☐인사해야지.

내 ☐ ☐ ☐ .

줄칸 공책에 문장을 쓸 때는 글자가 점점 위로 올라가거나 아래로 내려갈 수 있어요. 줄칸에 문장을 쓸 때는 위와 아래의 균형이 맞도록 마음속에 보이지 않는 줄을 그어 놓고 써요.

줄칸

마음속으로 그은 줄

줄칸

앗! 실수

글자가 점점 아래로 내려갔어요.

강아지가 내 뒤를 따라왔다.

글자가 점점 위로 올라갔어요.

✏️ 다음 문장을 반듯하게 옮겨 써 보세요.

글자가 위아래 점선을 넘어가지 않도록 써 봐.

대화할 때는 친구의 눈을 바라봐.

대

눈에는 친구의 진심이 담겨 있어.

눈

줄칸 공책에 문장을 쓸 때는
문장 부호 쓰는 칸이 따로
정해져 있지 않아요.
줄칸 공책에 문장 부호를 쓸
때는 보이지 않는 줄이 있다고
생각하고, 바른 위치에
정확한 모양과 크기로 써요.

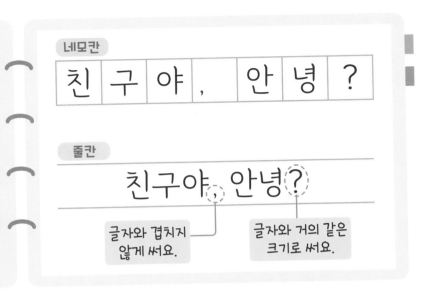

네모칸

| 친 | 구 | 야 | , | | 안 | 녕 | ? |

줄칸

친구야, 안녕?

글자와 겹치지
않게 써요.

글자와 거의 같은
크기로 써요.

✏ 문장 부호의 위치와 모양, 크기에 주의하며 글을 옮겨 써 보세요.

'내가 뭘 도와줄까? 말해 줘.'

"우아, 너 정말 착하구나!"

24 전래 동요 따라 쓰기

오랜 세월에 걸쳐 어린이들의 입과 귀로
전해져 온 노래를 전래 동요라고 해요.
전래 동요는 같은 글자 수가 반복되기
때문에 읽으면 저절로 어깨가 들썩거려요.

동무 동무 어깨동무~

✏️ 전래동요를 소리 내어 읽고, ⬚ 에 알맞은 말을 써 보세요.

어깨동무

누가 맨 처음 불렀는지
알 수 없어서 지은이의
이름이 없어요.

동무 동무 어깨동무

어디든지 같이 가고

동무 동무 어깨동무

언제든지 같이 놀고

동무 동무 어깨동무

해도 달도 따라오고

동무 동무 어깨동무

너도 나도 따라 놀고

2글자와 4글자가
반복되면서
리듬감이 느껴져요.

친하게 어울리는 사람을
'동무'라고 해. 친구와 항상
사이좋게 노는 모습을 노래했어.

▶ 이 전래 동요는 친한 ⬚ 와 언제나 사이좋게 노는 모습을 노래했어요.

100쪽의 전래 동요를 소리 내어 읽으면서 줄칸에 옮겨 써 보세요.

어

동

언

동

✏️ 전래 동요를 소리 내어 읽고, ▢ 에 알맞은 말을 써 보세요.

나무 노래

가자 가자 감나무

오자 오자 옻나무

십 리 절반 오리나무

방귀 뽕뽕 뽕나무

낮에 봐도 밤나무

다섯 동강 오동나무

덜덜 떠는 사시나무

바람 솔솔 소나무

따끔따끔 가시나무

4글자 / 3글자 또는
4글자 / 4글자가
되풀이되어,
소리 내어 읽으면
노래하는 것처럼
느껴져.

나무 이름에서 떠오르는
재미있는 생각을
말놀이처럼 나타냈어.

▶ 이 전래 동요는 ▢ 의 이름을 말놀이처럼 만들어 부른 노래예요.

102쪽의 전래 동요를 소리 내어 읽으면서 줄칸에 옮겨 써 보세요.

나무

가

오

낮

따

어린이가 쓴 시, 또는 어린이의 마음에
맞추어 어른이 쓴 시를 동시라고 해요.
동시는 대부분 길이가 짧고, 읽으면
리듬감이 느껴져요. 동시를 따라 쓰면서
리듬감을 느껴 보고 내용도 감상해 봐요.

✏️ 동시를 소리 내어 읽고, ☐ 에 알맞은 말을 써 보세요.

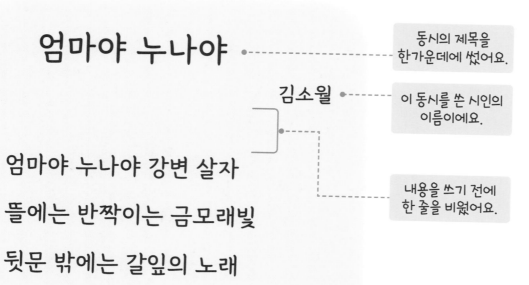

엄마야 누나야

김소월

동시의 제목을
한가운데에 썼어요.

이 동시를 쓴 시인의
이름이에요.

내용을 쓰기 전에
한 줄을 비웠어요.

엄마야 누나야 강변 살자
뜰에는 반짝이는 금모래빛
뒷문 밖에는 갈잎의 노래
엄마야 누나야 강변 살자

'갈잎'은 '갈대 잎'을 가리켜.
자연 속에서 엄마, 누나와 함께
평화롭게 살고 싶은 마음을 노래했지.

'엄마야 누나야 강변 살자.'라는
말이 반복되면서 리듬감이 느껴져.

▶ 이 동시는 자연 속에서 ☐, ☐ 와 평화롭게 살고 싶은 마음을 노래했어요.

104쪽의 동시를 소리 내어 읽으면서 줄칸에 옮겨 써 보세요.

엄

　　　　　김

엄

뒷

 동시와 어울리는 그림을 그려 보세요.

동시를 소리 내어 읽고, ☐에 알맞은 말을 써 보세요.

둘 다

바다와 하늘의 모습을 비교해 가며 썼어요.

윤동주

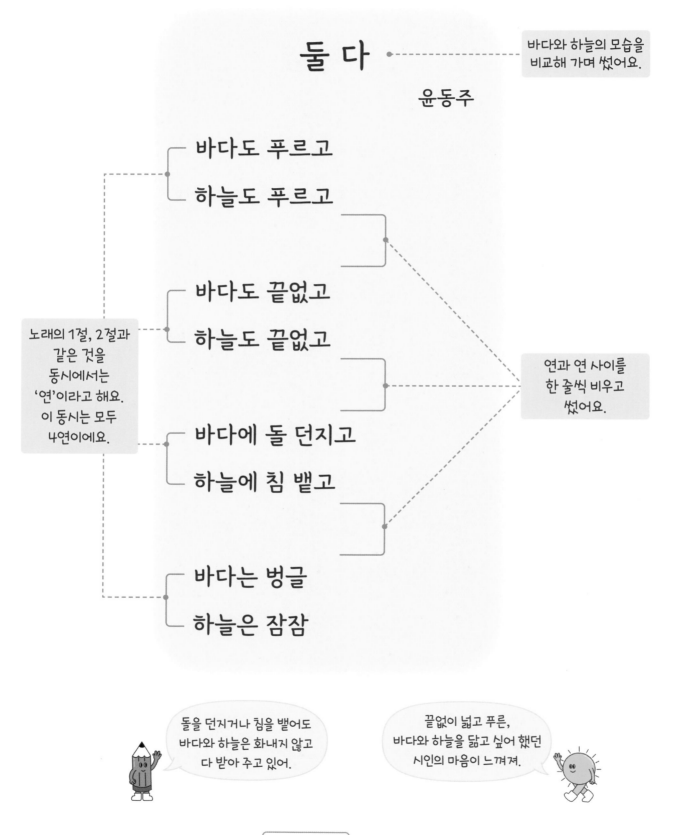

바다도 푸르고

하늘도 푸르고

바다도 끝없고

하늘도 끝없고

바다에 돌 던지고

하늘에 침 뱉고

바다는 벙글

하늘은 잠잠

노래의 1절, 2절과 같은 것을 동시에서는 '연'이라고 해요. 이 동시는 모두 4연이에요.

연과 연 사이를 한 줄씩 비우고 썼어요.

돌을 던지거나 침을 뱉어도 바다와 하늘은 화내지 않고 다 받아 주고 있어.

끝없이 넓고 푸른, 바다와 하늘을 닮고 싶어 했던 시인의 마음이 느껴져.

▶ 이 동시는 넓고 푸른 바다와 ☐ 처럼 넓은 마음을 닮고 싶은 마음을 노래했어요.

✏️ 106쪽의 동시를 소리 내어 읽으면서 줄칸에 옮겨 써 보세요.

둘

윤

바

바

바

바

26 메모하기

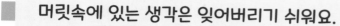

머릿속에 있는 생각은 잊어버리기 쉬워요.
그래서 필요할 때 확인하기 위해 메모를
해요. 메모는 중요한 내용만 쓰되
잘 알아볼 수 있도록 또박또박 써야 해요.

소라가 민우와 통화한 뒤에 메모를 했어요. 어떤 내용인지 살펴보고, 아래 빈 메모지에 내용을 옮겨 써 보세요.

소라야,
토요일 오후 2시에
학교 정문에서 만나.

그래, 민우야.
떡볶이도 먹고
즐겁게 놀자.

메모해 보자.

민우 만나기
• 토요일 오후 2시
• 학교 정문

민우

•

•

✏️ 메모한 내용을 보면서 메모하는 다양한 상황들을 알아보세요. 그리고 빈 메모지에 오늘 기억하고 싶은 일들을 간단히 써 보세요.

소희에게 사과하기
어제 부딪쳤는데
그냥 가서 미안해.

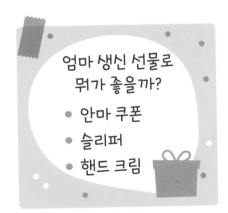

엄마 생신 선물로
뭐가 좋을까?
● 안마 쿠폰
● 슬리퍼
● 핸드 크림

"아는 길도 물어 가라."
오늘(8/7) 처음 들은 말

돌마루 공원, 9시
줄넘기
생수, 2000원

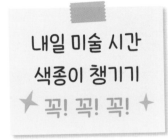

내일 미술 시간
색종이 챙기기
★ 꼭! 꼭! 꼭! ★

탄생 "메모왕"
이동희

✏️ 친구의 학교 수업 시간표를 살펴보고 흐린 글자를 따라 써 보세요.

	월	화	수	목	금
1교시	국어	국어	국어	국어	수학
2교시	창체	창체	국어	통합	국어
3교시	통합	수학	수학	창체	통합
4교시	통합	통합	통합	통합	통합
5교시		통합	창체	수학	

✏️ 나의 학교 수업 시간표를 써 보세요.

시간표를 옆에 놓고
한 낱말씩 옮겨 써 봐.

	월	화	수	목	금
1교시					
2교시					
3교시					
4교시					
5교시					

✏️ 선생님 말씀을 듣고 친구가 쓴 알림장이에요. 선생님 말씀 중 ○표 한 낱말들이
알림장에 어떻게 나타나 있는지 살펴보세요.

내일 독서 퀴즈 대회 있는 거 알죠?
책 열심히 읽도록 하세요.

그리고 학교에 장난감을 가져오는 친구들이
있어요. 내일부터는 가져오지 않도록 합니다.

끝으로 내일 2교시에 운동장에서
체육 활동 있으니까 운동화 신고 오세요.

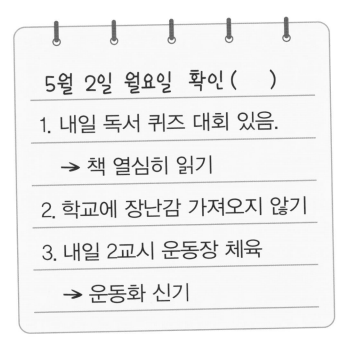

5월 2일 월요일 확인 (　)

1. 내일 독서 퀴즈 대회 있음.

　→ 책 열심히 읽기

2. 학교에 장난감 가져오지 않기

3. 내일 2교시 운동장 체육

　→ 운동화 신기

✏️ 선생님께서 수업을 하고 있어요. 선생님 말씀 내용을 정리하여 알림장에 써 보세요.

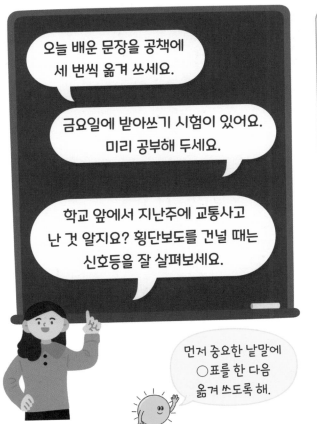

오늘 배운 문장을 공책에
세 번씩 옮겨 쓰세요.

금요일에 받아쓰기 시험이 있어요.
미리 공부해 두세요.

학교 앞에서 지난주에 교통사고
난 것 알지요? 횡단보도를 건널 때는
신호등을 잘 살펴보세요.

먼저 중요한 낱말에
○표를 한 다음
옮겨 쓰도록 해.

월　일　요일　확인 (　)

27 카드 쓰기

생일날 친구를 초대하고 싶을 때 초대장을
만들어 건네 봐요. 말로 초대하는 것보다
친구가 훨씬 더 기뻐할 거예요.
생일 초대장에는 꼭 써야 할 내용이 있어요.
어떤 것들인지 글씨를 쓰면서 알아봐요.

✏️ 랑이가 생일잔치에 친구들을 초대하는 카드를 썼어요. 내용을 읽어 보고, 아래
초대장에 빠진 내용들을 옮겨 써 보세요.

랑이의 생일잔치에 초대합니다.

- 날짜: 5월 24일 토요일 오후 2시
- 장소: 봉숭아 아파트 103동
  702호(랑이네 집)
- 연락할 곳: 123-456-7890

특별 행사가 있어.
기대해도 좋아.

> 초대장에는 초대하는
> 목적, 날짜와 시간, 장소,
> 연락할 곳이 들어가야 해.

랑이의 _____에 초대합니다.

- _____ : 5월 24일 토요일 오후 2시
- _____ : 봉숭아 아파트 103동
  702호(랑이네 집)
- _____ : 123-456-7890

_____가 있어.
기대해도 좋아.

친구의 생일잔치에 초대받아서 갈 때 선물보다 더 중요한 것은 축하하는 마음이에요. 생일을 축하하는 마음을 잘 드러내려면 정성이 담긴 글씨로 예쁘게 카드를 써야겠지요?

✎ 랑이의 초대를 받고 미솔이가 생일 축하 카드를 썼어요. 카드 내용을 읽어 보고, 빈 카드에 옮겨 써 보세요.

라라라라라 랑아!

하늘만큼 땅만큼
생일 축하해!
내가 가장 좋아하는 친구
라라라라 랑에게
미미미미 미솔이가
5월 24일

> 축하하는 마음은 좀 과장되게 표현해도 돼. 친구가 좋아할 만한 예쁜 그림을 그려 넣어도 좋겠지?

라라라라라 랑아!

✏️ 친구들이 쓴 카드예요. 빈칸에 알맞은 말을 써서 카드 내용을 정리해 보세요.

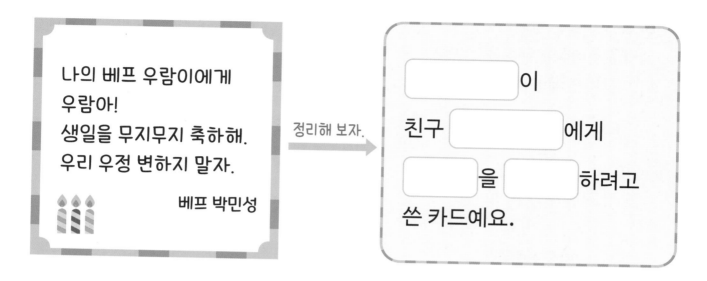

나의 베프 우람이에게
우람아!
생일을 무지무지 축하해.
우리 우정 변하지 말자.

베프 박민성

정리해 보자.

[　　　　]이
친구 [　　　　]에게
[　　　]을 [　　]하려고
쓴 카드예요.

엄마, 아빠!
저를 예쁘게 키워 주셔서
고맙습니다.
앞으로 더 착한 딸이
될게요. 사랑해요.

주리 올림

정리해 보자.

딸 [　　]가
[　　　　　]께
[　　] 주셔서 고마운
마음을 전하려고 쓴 카드예요.

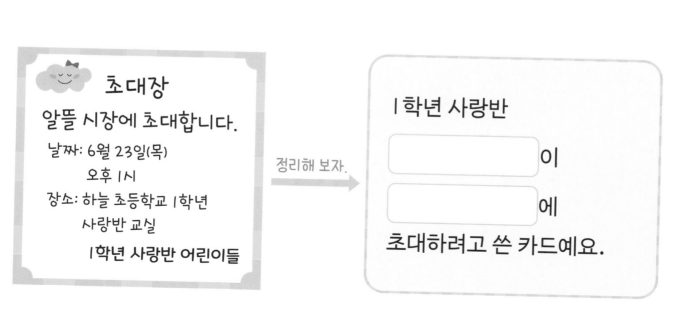

초대장
알뜰 시장에 초대합니다.
날짜: 6월 23일(목)
　　　오후 1시
장소: 하늘 초등학교 1학년
　　　사랑반 교실
　　　1학년 사랑반 어린이들

정리해 보자.

1학년 사랑반
[　　　　]이
[　　　　]에
초대하려고 쓴 카드예요.

✏️ 나의 생일잔치에 친구들을 초대하려고 해요. 메모지에 알맞은 내용을 써 보세요.

✏️ 위에서 답한 내용을 바탕으로 나의 생일잔치에 친구들을 초대하는 카드를 써 보세요.

28 일기 쓰기

오늘 하루를 어떻게 보냈나요? 집과
학교에서 여러 일들이 있었을 거예요.
그중 특별히 기억에 남는 일이 있지요?
하루 일 중에서 기억에 남는 일을
그날그날 글로 쓴 것을 일기라고 해요.

✏️ 친구의 일기를 보면서 일기 쓰는 방법을 알아보세요.

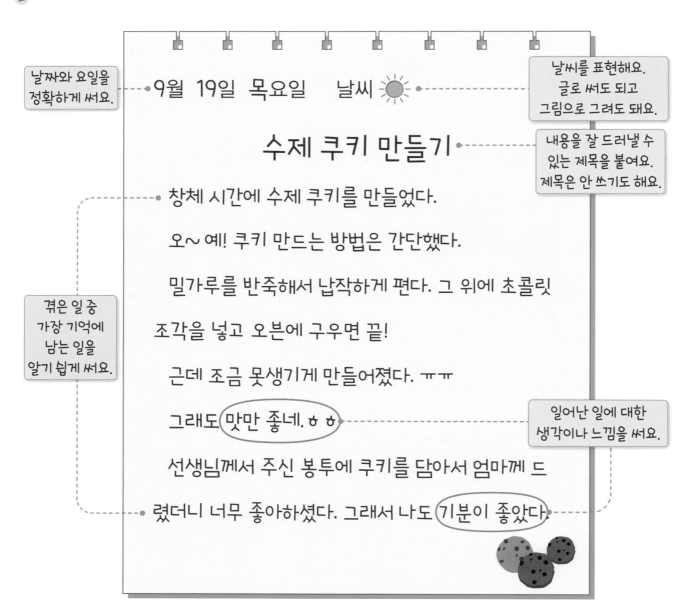

날짜와 요일을
정확하게 써요.

9월 19일 목요일   날씨 ☀

날씨를 표현해요.
글로 써도 되고
그림으로 그려도 돼요.

수제 쿠키 만들기

내용을 잘 드러낼 수
있는 제목을 붙여요.
제목은 안 쓰기도 해요.

창체 시간에 수제 쿠키를 만들었다.

오~ 예! 쿠키 만드는 방법은 간단했다.

밀가루를 반죽해서 납작하게 편다. 그 위에 초콜릿

조각을 넣고 오븐에 구우면 끝!

겪은 일 중
가장 기억에
남는 일을
알기 쉽게 써요.

근데 조금 못생기게 만들어졌다. ㅠㅠ

그래도 맛만 좋네. ㅎㅎ

일어난 일에 대한
생각이나 느낌을 써요.

선생님께서 주신 봉투에 쿠키를 담아서 엄마께 드

렸더니 너무 좋아하셨다. 그래서 나도 기분이 좋았다

일기 쓰기 방법에 알맞은 말에 ○표를 해 보세요.

1 맨 윗줄에 오늘 노래 날짜 와 요일을 정확하게 쓴다.

2 겪은 일 중에서 가장 기억 가방 에 남는 일을 쓴다.

3 기억에 남는 일에 대한 생각이나 느낌 질문 을 쓴다.

 일기를 쓸 때 자주 사용하는 표현들을 옮겨 쓰거나 그려 보세요.

요일 월 화 수 목 금 토 일

맑음 해 ☀ 흐림 구름 ☁ 비 🌧 ☂

비가 올락 말락 쨍 하고 해 뜬 날

친구가 체험 활동 경험을 일기로 썼어요. 내용을 읽어 보고, 아래 일기장의 빈칸에 빠진 내용들을 옮겨 써 보세요.

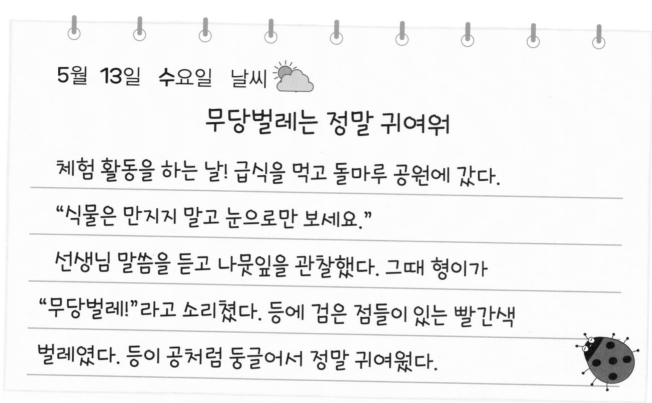

5월 13일 수요일 날씨

무당벌레는 정말 귀여워

체험 활동을 하는 날! 급식을 먹고 돌마루 공원에 갔다.

"식물은 만지지 말고 눈으로만 보세요."

선생님 말씀을 듣고 나뭇잎을 관찰했다. 그때 형이가

"무당벌레!"라고 소리쳤다. 등에 검은 점들이 있는 빨간색

벌레였다. 등이 공처럼 둥글어서 정말 귀여웠다.

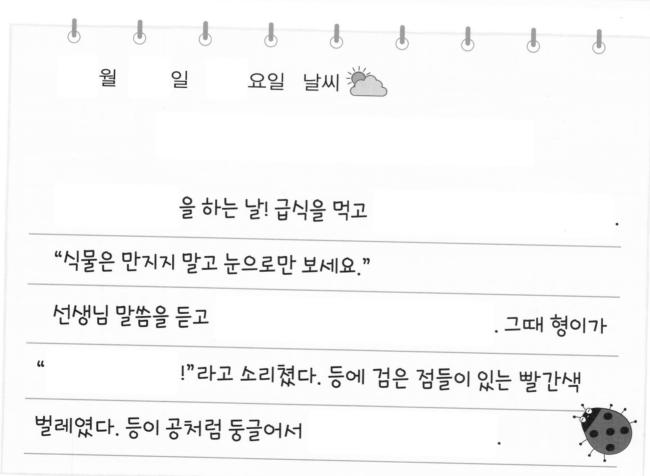

　　월　　일　　요일　날씨

　　　　　　　을 하는 날! 급식을 먹고　　　　　　　.

"식물은 만지지 말고 눈으로만 보세요."

선생님 말씀을 듣고　　　　　　　. 그때 형이가

"　　　　　!"라고 소리쳤다. 등에 검은 점들이 있는 빨간색

벌레였다. 등이 공처럼 둥글어서　　　　　　　.

✏️ 오늘 하루 겪은 일을 떠올려 보고, 그중 가장 기억에 남는 일을 메모지에 정리해 보세요.

언제 있었던 일인가요?

날짜와 시간을 구체적으로 써.

어디에서 있었던 일인가요?

무슨 일이 있었나요?

누구와 함께한 일인가요?

그때 어떤 생각이나 느낌이 들었나요?

✏️ 위에서 답한 내용을 바탕으로 오늘 하루를 정리하는 일기를 써 보세요.

월   일   요일   날씨

29 계획표 쓰기

초등 저학년 때는 자기 스스로 계획을 세우고 실천하는 습관을 들이는 게 매우 중요해요. 계획은 하루, 한 주, 한 달 등의 단위로 세울 수 있어요.

✏️ 솔이의 하루 계획표를 살펴보고, 나의 내일 하루 계획을 간단히 써 보세요.

나의 이름을 써요.

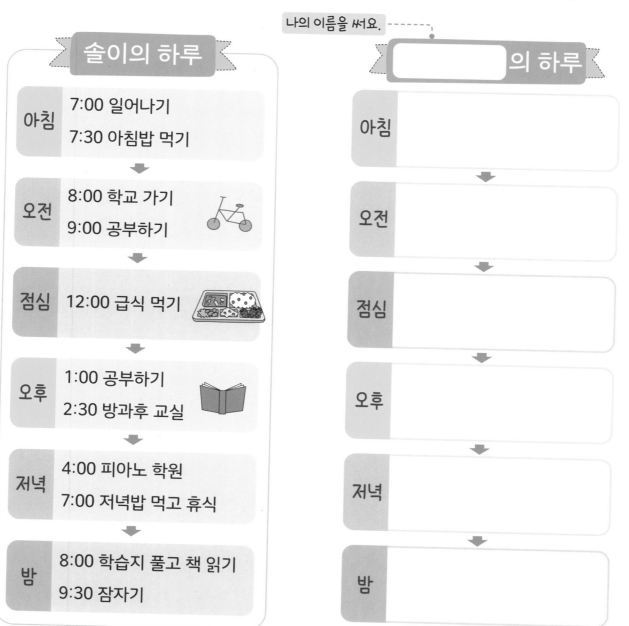

솔이의 하루		___의 하루
아침	7:00 일어나기 7:30 아침밥 먹기	아침
오전	8:00 학교 가기 9:00 공부하기	오전
점심	12:00 급식 먹기	점심
오후	1:00 공부하기 2:30 방과후 교실	오후
저녁	4:00 피아노 학원 7:00 저녁밥 먹고 휴식	저녁
밤	8:00 학습지 풀고 책 읽기 9:30 잠자기	밤

✏️ 솔이가 한 주 동안 할 일을 정리한 것입니다. 요일별로 어떤 일을 하는지 살펴보세요.

월요일부터 금요일까지 반복적으로
하는 일을 화살표로 나타냈어요.

월(4/3)	화(4/4)	수(4/5)	목(4/6)	금(4/7)	토(4/8)	일(4/9)
학교 가기					아빠랑 자전거 타기	할머니 만나러 가기 (춘천)
도서관 책 반납 (3권)	오후 4시 태권도 학원	준비물 (색종이, 풀)	오후 4시 태권도 학원	방과후 창의 미술 수업	만두 먹기	
영어 화상 수업	연산 문제 풀기 😫	오후 5시 학습지 선생님 오심.	영어 화상 수업	오후 4시 인구랑 놀기 😊		

할 일에 대한 느낌을
그림으로 나타냈어요.

이어서 할 일을
화살표로 나타냈어요.

✏️ 나의 한 주를 계획하여 써 보세요.

각 요일 옆의
( ) 안에는 달 / 날짜를 써.
예를 들어 5월 17일은 (5/17).

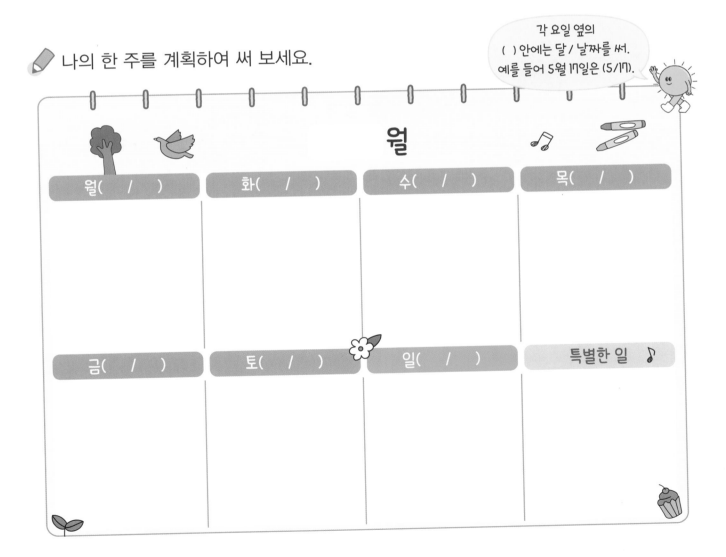

월

월(/)	화(/)	수(/)	목(/)

금(/)	토(/)	일(/)	특별한 일 ♪

✏️ 솔이의 한 달 계획표를 살펴보고, 빈칸에 나의 한 달을 계획하여 써 보세요.

10월 계획 : [10권 이상 책 읽기] ---◆ 10월 계획 중 가장 중요한 일을 나타냈어요.

10 October

일	월	화	수	목	금	토
	1 화상 영어	2	3 개천절 피자 체험	4	5	6 쫑아랑 ㅇㅇ월드
7	8 화상 영어	9 한글날 도서관	10	11 언니 생일	12	13
14 사과 따러 가요	15 화상 영어	16	17	18	19 소방 안전 체험	20
21 도서관	22 화상 영어	23	24	25 캠프 준비	26 캠프 ──────→	27
28	29 화상 영어	30	31 도서관			

특별한 계획이 없는 날은 빈칸으로 두었어요.

계획을 실천하기 위해 도서관 가는 날을 구체적으로 정했어요.

캠프가 26일부터 27일까지 이어진다는 것을 나타냈어요.

◻︎ 월 계획

달력을 보면서 날짜를 먼저 써 넣어.

일	월	화	수	목	금	토

✏️ 솔이의 방학 계획표입니다. 매일 어떤 일을 규칙적으로 하는지 살펴보세요.

태권도 학원 갈 준비하고, 가는 데 걸리는 시간 등은 일일이 나타내지 않았어요.

아침 6시 30분에 일어나서 밤 10시 30분에 자는 계획이에요.

세수하고, 양치질하는 등의 사소한 일은 쓰지 않았어요.

파랑, 노랑 색칠을 해서 오전과 오후를 구분했어요.

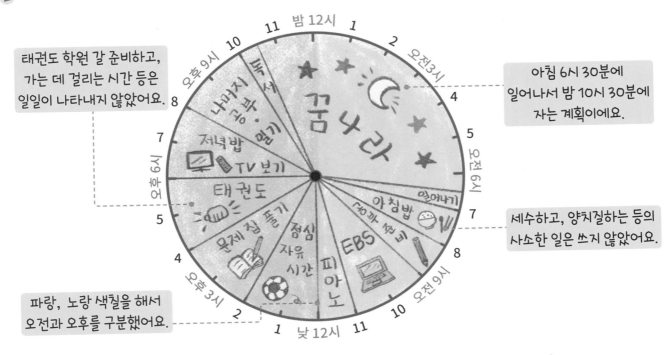

✏️ 방학 동안 내가 규칙적으로 하는 일들을 예상하여 그림과 글로 나타내어 보세요.

나의 이름을 써요.

하루는 24시간이고, 오전 12시간, 오후 12시간으로 나눌 수 있지.

의 방학 계획표

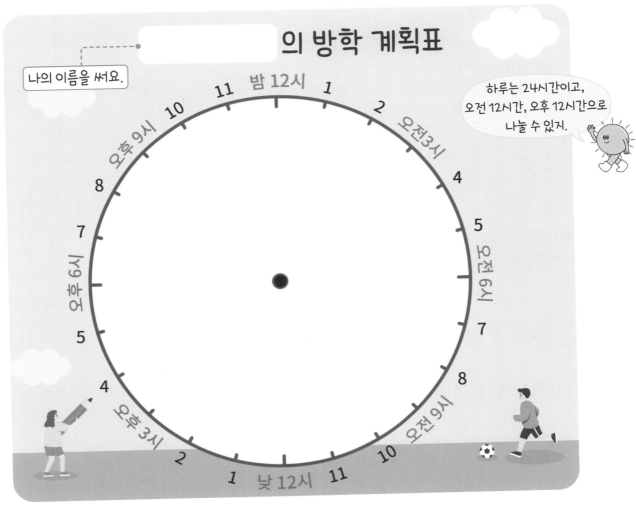

30 원고지 쓰기

학교에서 글쓰기를 할 때 원고지에
써야 하는 경우가 있어요.
원고지는 한 칸에 한 글자씩
쓸 수 있도록 그려진 종이인데,
보통 200자 원고지를 써요.

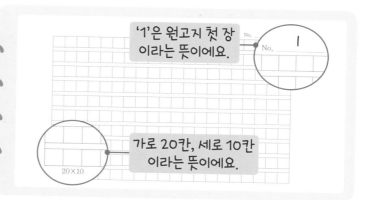

'1'은 원고지 첫 장
이라는 뜻이에요.

가로 20칸, 세로 10칸
이라는 뜻이에요.

✏️ 원고지 첫 장을 보면서 쓰는 방법을 알아보고, 알맞은 말에 ◯표를 해 보세요.

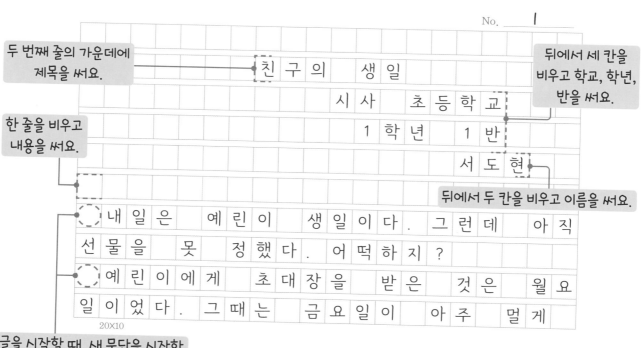

두 번째 줄의 가운데에
제목을 써요.

뒤에서 세 칸을
비우고 학교, 학년,
반을 써요.

한 줄을 비우고
내용을 써요.

뒤에서 두 칸을 비우고 이름을 써요.

글을 시작할 때, 새 문단을 시작할
때는 한 칸을 비우고 써요.

① 제목은 두 번째 줄의 [가운데] [둘째 칸] 에 쓴다.

② [학년, 반] [이름] 은 뒤에서 두 칸을 비우고 쓴다.

③ 글을 시작할 때는 앞의 [한] [두] 칸을 비우고 쓴다.

✏️ 문장 부호의 쓰임에 대해 알아보고, 모양과 위치에 주의하며 문장 부호를 빈칸에 옮겨 써 보세요.

마침표	설명하는 문장의 끝에 써요.	.	
쉼표	부르는 말이나 대답하는 말, 낱말을 나열할 때 써요.	,	
물음표	묻는 문장의 끝에 써요.	?	
느낌표	느낌을 나타내는 문장의 끝에 써요.	!	
작은따옴표	마음속으로 한 말을 적을 때 써요.	' '	
큰따옴표	소리 내어 한 말을 적을 때 써요.	" "	

✏️ 문장 부호에 주의하며 글을 원고지에 옮겨 써 보세요.

📍 **규칙 1** 마침표, 쉼표 뒤에는 칸을 비우지 않고 바로 써요.

사	과	,	배	,	포	도	는		과	일	이	다	.				
사																	

📍 **규칙 2** 물음표, 느낌표 뒤에는 한 칸을 비우고 써요.

눈	이		온	다	고	?		야	,	정	말		눈		온	다	!
눈																	

📍 **규칙 3** 큰따옴표, 작은따옴표는 앞에 한 칸을 비우고, 끝날 때 마침표가 있으면 같은 칸에 써요.

"	아	까		'	정	리	해	야	지	.	'		하	고		생	각	했	는
데		깜	박	했	어	요	.	"											
"	아																		

ᒧ **따옴표 안에 있는 문장은 끝날 때까지 첫 칸을 모두 비워요.**

✏️ 띄어쓰기 규칙을 지키며 글을 옮겨 써 보세요.

📍 **규칙 1** 낱말과 낱말 사이는 띄어 써요.

우	리		학	급		수	업		시	간	표		만	들	기			

📍 **규칙 2** '이(가), 은(는), 을(를), 께서, 에게(께), 부터, 까지' 등은 **앞말에 붙여** 써요.

친	구	가		나	에	게		예	쁜		인	형	을		주	었	습	니	다.

> 마지막 칸에서 문장이 끝나면 마침표를 글자와 같은 칸에 쓰거나 칸 밖에 써요.

선	생	님	께	서		뒷	자	리	부	터		발	표	를		시	키	셨	다.

📍 **규칙 3** '켤레, 벌, 명, 개, 마리, 장' 등의 단위를 나타내는 말은 **앞말과 띄어** 써요.

구	두		두		켤	레	와		옷		세		벌	을		챙	겼	다	.

사	람		네		명	,	사	탕		세		개	,	개		한		마	리

📍 **규칙 4** '것, 수' 등의 말은 **앞말과 띄어** 써요.

맛	난		것	을		보	면		참	을		수	가		없	어	.		

✏️ 문장 부호의 위치와 띄어쓰기에 주의하며 다음 글을 원고지에 옮겨 써 보세요.

> 배고픈 하루
>
> 시사 초등학교
> 1학년 2반
> 김영지
>
> 오늘은 혁이랑 공차기 약속을 한 날이다. 그런데 늦잠을 잤다.
> '큰일났다. 약속 꼭 지키랬는데!'
> 막 뛰는데 뒤에서 엄마가 부르셨다.

나의 학교, 학년, 반,
그리고 내 이름을 써도 돼.

No. _____1____

																	반		
		혁																	날
이					늦														
	큰				약												!	'	
막																		다	.

20X10

점검
하기

- 제목을 두 번째 줄 가운데에 썼나요? ☐ 예 ☐ 아니요
- 글을 시작하기 전에 한 줄을 비웠나요? ☐ 예 ☐ 아니요
- 첫 문장을 쓰기 전에 한 칸을 비웠나요? ☐ 예 ☐ 아니요
- 문장 부호와 띄어쓰기 규칙을 잘 지켜서 썼나요? ☐ 예 ☐ 아니요

▼ 10쪽

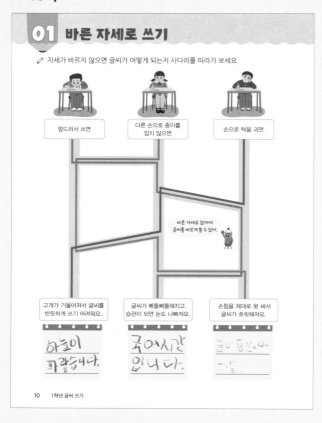

▼ 12쪽

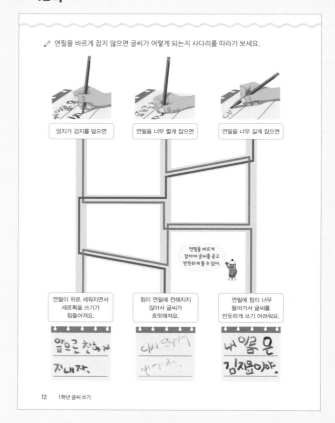

▼ 11쪽

▼ 13쪽

▼ 47쪽

▼ 51쪽

🖉 끝 글자를 모아서 낱말을 써 보세요.

🖉 빈칸에 알맞은 글자를 써 보세요.

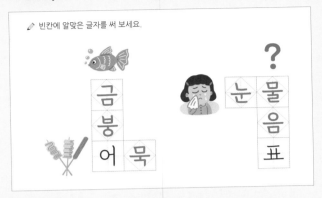

🖉 빈칸에 알맞은 글자를 써 보세요.

🖉 빈칸에 된소리 글자가 들어간 낱말을 써 보세요.

🖉 빈칸에 알맞은 글자를 써 보세요.

🖉 빈칸에 알맞은 쌍받침 글자를 보기 에서 찾아 써 보세요.

🖉 빈칸에 알맞은 겹받침 글자를 보기 에서 찾아 써 보세요.

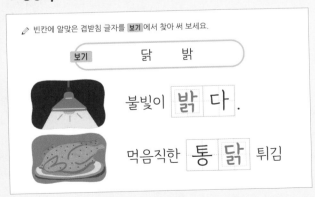

정답

▼ **82쪽**

✏️ 글자의 모양에 주의하며 수수께끼의 답에 ○표를 하고 빈칸에 옮겨 써 보세요.

1 먹으면 먹을수록 많아지는 것은?
(나이) 만두

나 이

2 일을 하면 할수록 키가 작아지는 것은?
고드름 (지우개)

지 우 개

3 산은 산인데 못 오르는 산은?
(우산) 동산

우 산

▼ **83쪽**

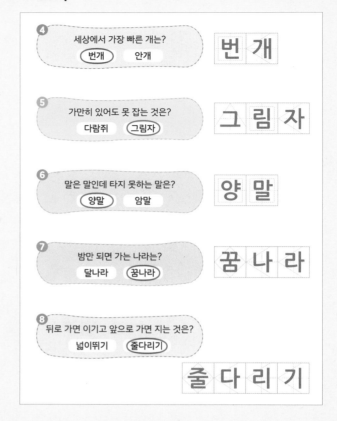

4 세상에서 가장 빠른 개는?
(번개) 안개

번 개

5 가만히 있어도 못 잡는 것은?
다람쥐 (그림자)

그 림 자

6 말은 말인데 타지 못하는 말은?
(양말) 암말

양 말

7 밤만 되면 가는 나라는?
달나라 (꿈나라)

꿈 나 라

8 뒤로 가면 이기고 앞으로 가면 지는 것은?
넓이뛰기 (줄다리기)

줄 다 리 기

▶ **100쪽** 동무(친구)

▶ **104쪽** 엄마(누나), 누나(엄마)

▶ **102쪽** 나무

▶ **106쪽** 하늘

▼ **111쪽**

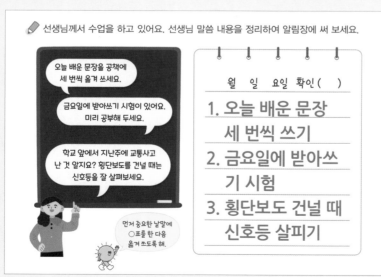

✏️ 선생님께서 수업을 하고 있어요. 선생님 말씀 내용을 정리하여 알림장에 써 보세요.

오늘 배운 문장을 공책에 세 번씩 옮겨 쓰세요.

금요일에 받아쓰기 시험이 있어요. 미리 공부해 두세요.

학교 앞에서 지난주에 교통사고 난 것 알지요? 횡단보도를 건널 때는 신호등을 잘 살펴보세요.

먼저 중요한 낱말에 ○표를 한 다음 옮겨 쓰도록 해.

월 일 요일 확인 (   )

1. 오늘 배운 문장 세 번씩 쓰기
2. 금요일에 받아쓰 기 시험
3. 횡단보도 건널 때 신호등 살피기

▼ 114쪽

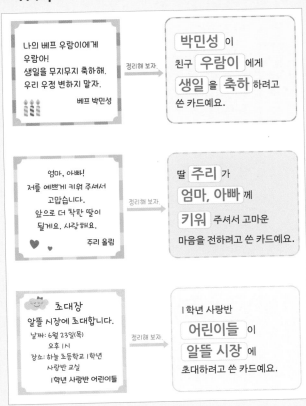

나의 베프 우람이에게
우람아!
생일을 무지무지 축하해.
우리 우정 변하지 말자.
베프 박민성

정리해 보자.

박민성 이
친구 **우람이** 에게
생일 을 **축하** 하려고
쓴 카드예요.

엄마, 아빠!
저를 예쁘게 키워 주셔서
고맙습니다.
앞으로 더 착한 딸이
될게요. 사랑해요.
주리 올림

정리해 보자.

딸 **주리** 가
엄마, 아빠 께
키워 주셔서 고마운
마음을 전하려고 쓴 카드예요.

초대장
알뜰 시장에 초대합니다.
날짜: 6월 23일(목)
오후 1시
장소: 하늘 초등학교 1학년
사랑반 교실
1학년 사랑반 어린이들

정리해 보자.

1학년 사랑반
어린이들 이
알뜰 시장 에
초대하려고 쓴 카드예요.

▼ 117쪽

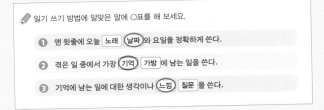

✏️ 일기 쓰기 방법에 알맞은 말에 ○표를 해 보세요.

1. 맨 윗줄에 오늘 노래 (날짜)와 요일을 정확하게 쓴다.
2. 겪은 일 중에서 가장 (기억) 가방 에 남는 일을 쓴다.
3. 기억에 남는 일에 대한 생각이나 (느낌) 질문 을 쓴다.

▼ 124쪽

1. 제목은 두 번째 줄의 (가운데) 둘째 칸 에 쓴다.
2. 학년, 반 (이름) 은 뒤에서 두 칸을 비우고 쓴다.
3. 글을 시작할 때는 앞의 (한) 두 칸을 비우고 쓴다.

▼ 127쪽

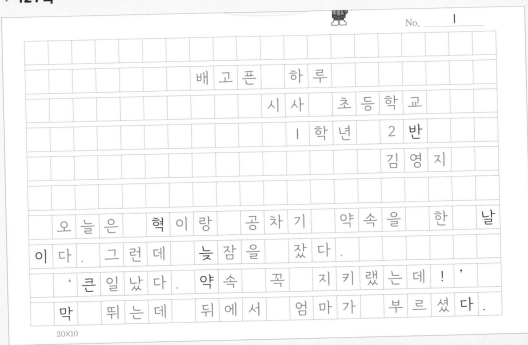

배고픈 하루
시사 초등학교
1학년 2반
김영지

　오늘은 혁이랑 공차기 약속을 한 날이다. 그런데 늦잠을 잤다.
　'큰일났다. 약속 꼭 지키랬는데!'
　막 뛰는데 뒤에서 엄마가 부르셨다.

20X10

해봐요

1학년
글씨 쓰기

초판 발행	2022년 10월 20일

글쓴이	엄은경, 권민희
그린이	한도희
편집	김은경
펴낸이	엄태상
디자인	진지화
콘텐츠 제작	김선웅, 김현이, 유일환
마케팅본부	이승욱, 왕성석, 노원준, 조성민, 이선민
경영기획	조성근, 최성훈, 정다운, 김다미, 최수진, 오희연
물류	정종진, 윤덕현, 신승진, 구윤주

펴낸곳	시소스터디
주소	서울시 종로구 자하문로 300 시사빌딩
주문 및 문의	1588-1582
팩스	0502-989-9592
홈페이지	www.sisostudy.com
네이버카페	시소스터디공부클럽 cafe.naver.com/sisasiso
인스타그램	instagram.com/siso_study
이메일	sisostudy@sisadream.com
등록일자	2019년 12월 21일
등록번호	제2019 – 000148호

ISBN 979-11-91244-63-2 63700